PAPYRUS BODMER VI

LIVRES DES PROVERBES

CORPUS
SCRIPTORUM CHRISTIANORUM ORIENTALIUM
EDITUM CONSILIO
UNIVERSITATIS CATHOLICAE AMERICAE
ET UNIVERSITATIS CATHOLICAE LOVANIENSIS

Vol. 194

SCRIPTORES COPTICI
TOMUS 27

PAPYRUS BODMER VI
LIVRE DES PROVERBES

EDITED BY

RADOLPHE KASSER

LOVANII
IN AEDIBUS PEETERS
1960

ISBN 90-429-0228-0

Editions Peeters, Bondgenotenlaan 153, B-3000 Louvain

AVANT-PROPOS

M. Martin BODMER ayant bien voulu nous autoriser à publier d'autres manuscrits coptes de sa collection [1], nous sommes en mesure de présenter aux coptisants et aux biblistes le texte d'environ la moitié du livre des *Proverbes* (**1** à **21**, 4 premier stique, — avec des lacunes), d'après le Papyrus Bodmer VI, codex sur parchemin, témoin aux formes souvent bizarres, actuellement unique en son genre par sa langue, son orthographe, et principalement par son alphabet. La publication d'un document aussi important honore celui qui l'a suscitée, et qui, déjà, par la création de la Bibliotheca Bodmeriana, avait fait naître un centre culturel et un instrument de travail de premier ordre.

Dans l'édition de ce manuscrit, nombreux sont encore ceux qui m'ont assisté de quelque façon, soit en m'apportant leurs suggestions, leurs conseils, soit en facilitant mes recherches. Qu'il me soit permis de citer ici avec une reconnaissance particulière MM. les Professeurs A. Bataille, É. Drioton, W. Erichsen, W. Till et J. Vergote, M. Jean Doresse, ainsi que les directions du Collège de France, de la Bibliothèque Nationale de Paris et de l'Institut de Papyrologie de la Sorbonne.

Mais avant tout, mes remerciements vont au Professeur L. Th. LEFORT, responsable scientifique de la section copte du *Corpus Scriptorum Christianorum Orientalium* de Louvain-Washington, et au Professeur R. DRAGUET, éditeur de cette collection, qui m'ont apporté, dans l'édition de ce texte difficile, l'indispensable secours de leur haute compétence.

Combas-par-Fontanès (Gard) Pasteur R. KASSER.

[1] Nous avons déjà publié le *Papyrus Bodmer III* (BO) — Évangile de Jean et Genèse **1-4,** *2* en bohaïrique —, dans CSCO 177 / Copt. 25, et 178 / *Copt. 26*, Louvain, 1958.

SIGLES ET ABRÉVIATIONS

A = Texte akhmîmique des Proverbes (BÖHLIG, *Proverbien*); dialecte akhmîmique en général.

A² = Dialecte subakhmîmique.

B = Texte bohaïrique des Proverbes (BURMESTER, *Proverbes*); dialecte bohaïrique en général.

BO = *Papyrus Bodmer III, Évangile de Jean et Genèse I-IV, 2 en bohaïrique*, éd. R. KASSER, *CSCO* 177/Copt. 25, et 178/*Copt. 26*. Louvain, 1958.

BÖHLIG, *Lehnwörter* = A. BÖHLIG, *Die griechischen Lehnwörter im sahidischen und bohaïrischen Neuen Testament*, Heft 1 & 2. München, 1958.

BÖHLIG, *Proverbien* = *Der achmimische Proverbientext nach Ms. Berol. orient. oct. 987*, Teil I, éd. A. BÖHLIG. München, 1958.

BURMESTER, *Proverbes* = O.H.E. BURMESTER et E. DÉVAUD, *Les Proverbes de Salomon* (bohaïrique). Vienne, 1930.

ČERNY, *Horoscope* = *The Old Coptic Horoscope*, éd. J. ČERNY, the late P. E. KAHLE, and R. A. PARKER, dans *Journal of Egyptian Archaeology*, Vol. 43, 86-100. Oxford, 1957.

CRUM = W. E. CRUM, *A Coptic Dictionary*. Oxford, 1939.

CRUM, *Aegyptian text* = W. E. CRUM, *An Egyptian Text in Greek characters* (P. Ox), dans *Journal of Egyptian Archaeology*, Vol. 28, 20-31. Oxford, 1942.

ERMAN, *Zauberpapyrus* = A. ERMAN, *Die aegyptischen Beschwörungen des grossen Pariser Zauberpapyrus*, dans *Zeitschrift für aegyptische Sprache*, XXI, 89-109. 1883.

F = Dialecte fayoumique.

G = le grec des LXX, éd. RAHLFS.

GRIFFITH, *Horoscope* = F. Ll. GRIFFITH, *The Old Coptic Horoscope of the Stob'art collection*, dans *Zeitschrift für aegyptische Sprache*, XXXVIII, 71-85. 1900.

KAHLE, *Bala'izah* = P. KAHLE jr., *Bala'izah*. Oxford, 1954.

KITTEL = *Biblia Hebraica*, éd. R. KITTEL. Stuttgart, 1954.

LACAU, *Ascension d'Isaïe* = P. LACAU, *L'Ascension d'Isaïe*, dans *Muséon*, T. LIX. Louvain, 1946.

O = Textes dits « vieux-coptes ».

P = Papyrus Bodmer VI.

RAHLFS = *Septuaginta*, éd. A. RAHLFS. Stuttgart, 1952.

RÖSCH, *Clementsbrief* = *Bruchstücke des Ersten Clementsbriefes, nach dem achmimischen Papyrus der Strassburger Universitäts- und Landesbibliothek*, éd. F. RÖSCH. Strasbourg, 1910.

S = Texte sahidique des Proverbes (WORRELL, Proverbs); dialecte sahidique en général.

SPIEGELBERG, *Grammatik* = W. SPIEGELBERG, *Demotische Grammatik*. Heidelberg, 1925.

STEINDORFF, *Grammatik* = G. STEINDORFF, *Lehrbuch der koptischen Grammatik*. Chicago, 1951.

TILL, *Dialektgrammatik* = W. TILL, *Koptische Dialectgrammatik* (*Clavis linguarum semiticarum*, 9). München, 1931.

TILL, *Koptische Grammatik* = W. TILL, *Koptische Grammatik* (*saïdischer Dialekt*). Leipzig, 1955.

VERGOTE, *Phonétique* = J. VERGOTE, *Phonétique historique de l'égyptien, les consonnes*. (Bibliothèque du Muséon, Vol. 19). Louvain, 1954.

WORRELL, *Proverbs* = *The Proverbs of Solomon in Sahidic Coptic, according to the Chicago Manuscript*, éd. W. H. WORRELL. Chicago, 1931.

WORRELL, *Michigan P. 6131* = *Michigan P. 6131*, éd. W. H. WORRELL, dans *American Journal of Semitic Languages*, LVIII, 84.

[ ], ⌞ ⌟ Restitution de passages complètement, ou partiellement disparus.

⟨ ⟩ Introduction par l'éditeur d'éléments supposés omis par le scribe.

{ } Suppression faite par le scribe.

INTRODUCTION

D'où provient exactement le Papyrus Bodmer VI, nul ne l'a révélé. On a dit que le lot dont il faisait partie avec le Papyrus Bodmer III (BO) avait été trouvé en Haute-Égypte, et qu'il s'agissait d'une bibliothèque privée [1]. Aujourd'hui, aucun renseignement nouveau n'est venu s'ajouter à cette indication, qui n'est cependant pas infirmée par les faits eux-mêmes.

Quand le Papyrus Bodmer VI (=P) nous fut présenté pour identification, ses feuillets, extrêmement désordonnés, étaient serrés entre les deux planchettes d'une reliure de bois, ayant appartenu à un autre manuscrit [2]. P est un codex de parchemin composé de 9 cahiers de 8 folios chacun, excepté le second qui en contient 10, et le dernier qui en a 6. En général, le milieu des cahiers est resté assemblé par la couture, mais de nombreux folios extérieurs se sont détachés; certains ne nous sont pas parvenus; ce sont les cahiers et folios I, 7, V, 1, VII, 1, VIII, 2, IX, 1. Le second cahier tient encore au troisième par un nœud; un nœud du même genre est encore visible au dos du cahier VII.

Cah.	*Foll.*	*Pag.*	(P = poil C = chair)
I	1	[folio de garde, perdu]	
	2	[folio de garde, perdu]	
	3	[Α̅] - ⟨Β̅⟩, détaché.	P-C
	4	⟨Γ̅ - Δ̅⟩, détaché.	P-C
	5	⟨Ε̅ - ϛ̅⟩, détaché.	C-P
	6	⟨Ζ̅ - Η̅⟩, détaché.	C-P
	7	[⟨Θ̅ - Ι̅⟩ folio perdu]	
	8	⟨Ι̅Α̅ - Ι̅Β̅⟩, détaché.	C-P

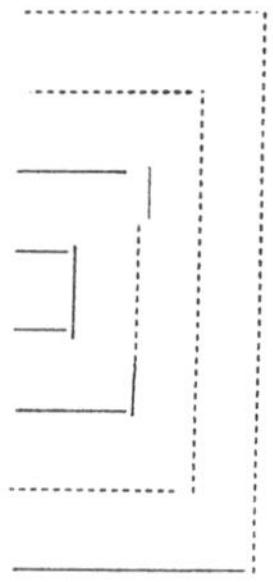

[1] On sait le peu de crédit qu'on peut ajouter aux récits des antiquaires, quand ils n'ont pu être confirmés par aucune investigation archéologique.

[2] Un fragment de cet autre manuscrit (dernier folio dont le verso était resté blanc) est collé au recto de la planchette postérieure.

Cah.	*Foll.*	*Pag.*	(P = poil C = chair)
II	9	[Ι̅Γ̅] - 〈Ι̅Δ̅〉, détaché.	P-C
	10	〈Ι̅Є̅ - Ι̅Ϛ̅〉	P-C
	11	〈Ι̅Ζ̅ - Ι̅Η̅〉	P-C
	12	〈Ι̅Θ̅ - Κ̅〉	P-C
	13	〈Κ̅Α̅ - Κ̅Β̅〉	P-C
	14	〈Κ̅Γ̅ - Κ̅Δ̅〉	C-P
	15	〈Κ̅Є̅ - Κ̅Ϛ̅〉	C-P
	16	〈Κ̅Ζ̅ - Κ̅Η̅〉	C-P
	17	〈Κ̅Θ̅ - Λ̅〉, détaché.	C-P
	18	〈Λ̅Α̅ - Λ̅Β̅〉, détaché.	C-P

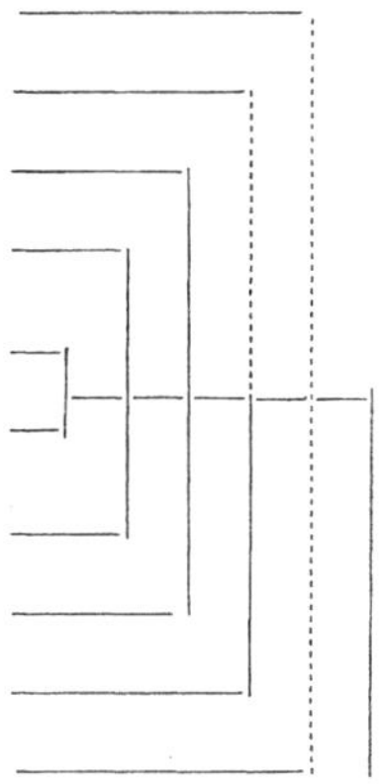

(nœud reliant le cahier II au cahier III)

Cah.	*Foll.*	*Pag.*	
III	19	Λ̅Γ̅ - 〈Λ̅Δ̅〉	P-C
	20	〈Λ̅Є̅ - Λ̅Ϛ̅〉	P-C
	21	〈Λ̅Ζ̅ - Λ̅Η̅〉	C-P
	22	〈Λ̅Θ̅ - Μ̅〉	C-P
	23	〈Μ̅Α̅ - Μ̅Β̅〉	P-C
	24	〈Μ̅Γ̅ - Μ̅Δ̅〉	P-C
	25	〈Μ̅Є̅ - Μ̅Ϛ̅〉	C-P
	26	〈Μ̅Ζ̅ - Μ̅Η̅〉	C-P

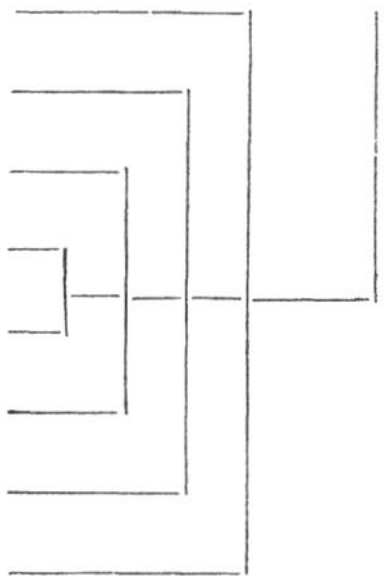

Cah.	*Foll.*	*Pag.*	
IV	27	Μ̅Θ̅ - 〈Ν̅〉	P-C
	28	〈Ν̅Α̅ - Ν̅Β̅〉	C-P
	29	〈Ν̅Γ̅ - Ν̅Δ̅〉	P-C
	30	〈Ν̅Є̅ - Ν̅Ϛ̅〉	C-P
	31	〈Ν̅Ζ̅ - Ν̅Η̅〉	P-C
	32	〈Ν̅Θ̅ - Ξ̅〉	C-P
	33	〈Ξ̅Α̅ - Ξ̅Β̅〉	P-C
	34	〈Ξ̅Γ̅ - Ξ̅Δ̅〉	C-P

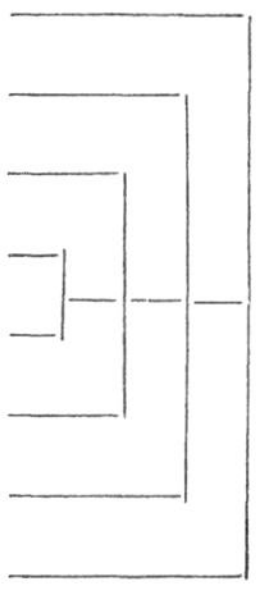

Cah.	*Foll.*	*Pag.*	(P = poil C = chair)
V	35	[Ξ̄Є̄ - ⟨Ξ̄Ϛ̄⟩ folio perdu].	
	36	⟨Ξ̄Z̄ - Ξ̄H̄⟩ détaché.	C-P
	37	⟨Ξ̄Θ̄ - Ō⟩	C-P
	38	⟨ŌĀ - ŌB̄⟩	C-P
	39	⟨ŌΓ̄ - ŌΔ̄⟩	P-C
	40	⟨ŌЄ̄ - ŌϚ̄⟩	P-C
	41	⟨ŌZ̄ - ŌH̄⟩	P-C
	42	⟨ŌΘ̄ - Π̄⟩	C-P
VI	43	Π̄Ā - ⟨Π̄B̄⟩, détaché.	P-C
	44	⟨Π̄Γ̄ - Π̄Δ̄⟩	C-P
	45	⟨Π̄Є̄ - Π̄Ϛ̄⟩	P-C
	46	⟨Π̄Z̄ - Π̄H̄⟩	C-P
	47	⟨Π̄Θ̄ - Ϥ̄⟩	P-C
	48	⟨Ϥ̄Ā - Ϥ̄B̄⟩	C-P
	49	⟨Ϥ̄Γ̄ - Ϥ̄Δ̄⟩	P-C
	50	⟨Ϥ̄Є̄ - Ϥ̄Ϛ̄⟩ détaché.	C-P
			(nœud)
VII	51	[Ϥ̄Z̄ - ⟨Ϥ̄H̄⟩ folio perdu]	
	52	⟨Ϥ̄Θ̄ - P̄⟩	P-C
	53	⟨P̄Ā - P̄B̄⟩	P-C
	54	⟨P̄Γ̄ - P̄Δ̄⟩	P-C
	55	⟨P̄Є̄ - P̄Ϛ̄⟩	C-P
	56	⟨P̄Z̄ - P̄H̄⟩	C-P
	57	⟨P̄Θ̄ - P̄Ī⟩	C-P
	58	⟨P̄ĪĀ - P̄ĪB̄⟩	P-C

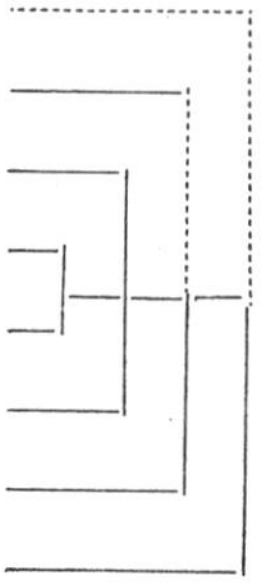

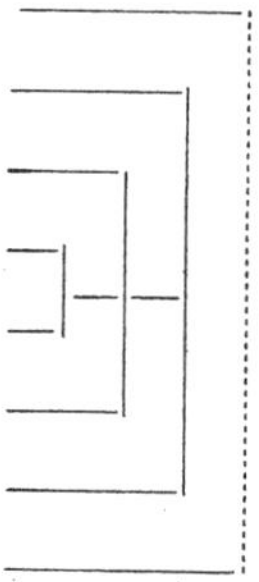

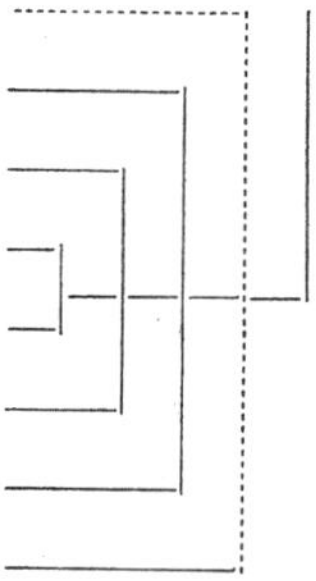

Cah.	*Foll.*	*Pag.*	(P = poil C = chair)
VIII	59	[P̄ĪΓ̄] - 〈P̄ĪΔ̄〉 détaché.	P-C
	60	[〈P̄ĪĒ - P̄ĪS̄〉, folio perdu]	
	61	〈P̄ĪZ̄ - P̄ĪH̄〉	C-P
	62	〈P̄ĪΘ̄ - P̄K̄〉	C-P
	63	〈P̄K̄Ā - P̄K̄B̄〉	P-C
	64	〈P̄K̄Γ̄ - P̄K̄Δ̄〉	P-C
	65	〈P̄K̄Ē - P̄K̄S̄〉 détaché.	C-P
	66	〈P̄K̄Z̄ - P̄K̄H̄〉 détaché.	C-P
IX	67	[P̄K̄Θ̄ - 〈P̄Λ̄〉, folio perdu]	
	68	〈P̄Λ̄Ā - P̄Λ̄B̄〉	C-P
	69	〈P̄Λ̄Γ̄〉 V° blanc.	C-P
	70	folio de garde.	P-C
	71	folio de garde.	P-C
	72	[folio de garde, perdu] [1]	

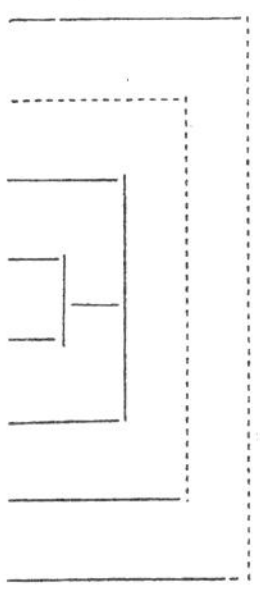

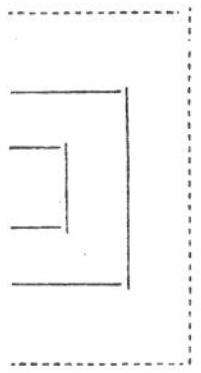

Les cahiers sont cousus à deux aiguilles; le fil est grossier, d'un seul tenant, plein de nodosités. Le parchemin est blanchâtre, d'un grain si fin qu'on a parfois peine à en distinguer le côté poil du côté chair. Lors de l'assemblage des cahiers, les feuilles ont été superposées sans aucun souci d'alternance régulière. Leur épaisseur varie beaucoup; certaines sont extrêmement minces, tandis que d'autres ont la rigidité du carton bristol. Leurs seuls défauts sont quelques trous arrondis, comme on en trouve dans la plupart des parchemins.

P devait comporter deux folios de garde au début, trois à la fin. L'encrassement de ceux qui nous ont été conservés, leur extrême usure,

[1] Le copiste s'est donc arrêté, en pleine page, au ch. **21**, v. *4*, omettant, par conséquent **21**, *6* à **31**, *31* du texte de la Septante; les cinq folios manquants correspondent respectivement à **2**, *9* fin à **2**, *20* début, **11**, *7* à **11**, *15* début, **15**, *24* à **15**, *29b* début, **18**, *1* fin à **18**, *9* début et **20**, *9b* à **20**, *25* début.

l'assemblage très lâche des cahiers, tout cela nous fait penser que ce codex n'a pas eu de reliure rigide ni d'autre protection. Ce procédé a causé la détérioration prématurée des folios extérieurs des cahiers. En outre, quand deux pages, côté chair, ont été en frottement, elles ont fini par s'effacer mutuellement (cfr p. ⲠⲀ̄). Mais l'encre du texte s'est bien incrustée dans le parchemin, et sa trace reste toujours parfaitement lisible.

Un seul agent destructeur nous a soustrait une partie du texte : c'est un rongeur, qui s'est attaqué aux deux angles extérieurs du codex; il n'a guère franchi la marge.

Les folios mesurent en moyenne 12 × 14,5 cm. Le texte occupe 9,5 × 11,5 cm, sauf à la dernière page, qui n'a que trois lignes et se termine par un volumineux point final. La page de droite contient généralement moins d'écriture que celle de gauche. Les marges supérieures, inférieures, intérieures, extérieures, ont respectivement 1,2 cm, 2,2 à 2,8 cm, 1,5 cm, et 1,8 cm (2,4 cm pour la page de droite). Les distances du sommet au bas de la pliure médiane, en passant par les quatre points de couture, sont de 2,2 cm, 2,8 cm, 4 cm, 3,2 cm, 2,4 cm. Quand le copiste a inscrit la pagination, elle se trouve placée à gauche, au-dessus de la première ligne, à la distance d'un interligne normal, le premier chiffre empiétant un peu sur la marge.

Le texte est écrit en pleine page, les lignes étant le plus souvent au nombre de 16 ou 17, parfois de 14, 15, ou 18; elles sont généralement distantes d'environ 7 mm, et paraissent avoir été alignées, bien qu'aucun trait directeur ne soit visible. Le nombre de lettres par ligne varie de 6 à 20, suivant la grandeur des lettres ou la longueur des phrases, le scribe s'efforçant de commencer chaque sentence au début d'une ligne, soit en diminuant et tassant les lettres de la précédente, soit en ajoutant ses dernières syllabes au-dessus de la fin de la ligne et sous un crochet, soit encore en terminant « à la ligne » [1]. Si, par inadvertance, il enfreint ce principe, il laisse parfois un espace blanc entre le dernier mot de la sentence et le premier de la suivante. Il arrive également que des mots coupés en fin de ligne soient suivis d'un minuscule tiret.

Les cahiers ne sont pas signés. Seule, la première page de chacun d'entre eux est paginée, procédé, à notre connaissance, absolument unique dans l'histoire du codex. C'est ainsi qu'il nous reste la pagination

[1] Voyez les planches. D'autres procédés, légèrement différents, apparaissent aux pages 43 et 46.

au début des cahiers III (λ̄Γ̄), IV (M̄Θ̄), et VI (Π̄Ā), les autres pages initiales étant soit perdues, soit endommagées au point de ne conserver que des traces infimes de lettres placées trop près du bord supérieur; il est intéressant de constater que ces trois paginations conservées correspondent exactement au chiffre que la page aurait reçu si la pagination avait été continue; le scribe a donc compté ses feuillets, mais sans les paginer; pour la commodité du lecteur, nous avons ajouté une pagination continue ⟨-⟩.

Sauf la séparation des sentences, le texte ne comporte aucune division importante.

Écriture

L'écriture est relativement régulière, mais elle n'a pas la rapidité et la spontanéité qu'on observe dans les textes dont le copiste connaît bien l'orthographe. Nous manquons naturellement de points de comparaison pour les signes qui sont propres à notre manuscrit. Mais l'ensemble ferait penser à une patiente et laborieuse transcription effectuée par un scribe des IV-Vème siècles qui ne paraît pas très sûr de son orthographe.

La plupart des corrections textuelles proviennent de la première main, et ont dû être faites en cours de copie. Les procédés sont multiples : adjonction d'une lettre dans la marge gauche, lettre minuscule intercalée, lettres ajoutées en fin de mot (parfois sans modifier l'orthographe de ce qui précède, cfr 64, *9* ϦΙΗΗ̄ devenu ϦΙΗΗ̄ΥЄ au lieu de l'habituel ϦΙΟΟΥЄ), mot ajouté en fin de ligne, lettre placée en dessus de celle qu'elle doit remplacer (cfr l'hésitation du copiste ЄΡЄ avec Α au-dessus du Ρ, 99, *11*, 110, *4*), superlinéations et surcharges nombreuses, un cas de lettre barrée (72, *9*), grattages de tous genres, généralement assez légers pour laisser deviner la lettre (ou la ligne, cfr 47, *3*) grattée [1], accompagnés peut-être d'un léger lavage (taches), effectués à l'aide d'un instrument aigu, précis, qui suit fidèlement le contour de la lettre, ou transforme habilement un Ϣ en Ω par l'ablation de la queue. Les corrections de première main portent sur des lettres et des mots, jamais sur des signes de ponctuation ou des barres (Murmelvokal) [2]. Elles sont

[1] Voir pl. II, l. 6 et 13.

[2] La barre est très fréquemment omise.

généralement des améliorations orthographiques, et ne modifient presque jamais le sens des vocables eux-mêmes.

Une seconde main a effectué de rares corrections textuelles, souvent de façon inintelligente (cfr 16, *16* ou 103, *9-10*). Elle connaît le même alphabet que la première main, mais ses interventions, trop sporadiques, ne permettent pas de la dater paléographiquement. Elle se distingue particulièrement par son encre, qui est épaisse, d'un noir bleuté (l'autre est brune et fluide). Son calame est grossier, son écriture maladroite. Elle a surtout opéré dans le domaine des barres et des accents. Ses procédés changent subitement en cours d'ouvrage, de sorte qu'il y a peut-être lieu de parler de deux correcteurs de « seconde encre ».

La première main s'efforçant de terminer chaque sentence à la ligne, elle y parvient dans 74% des cas. Là où elle a négligé de le faire, elle a placé, dans 6% des cas, un signe de ponctuation en forme d'apostrophe (ou esprit doux peu incurvé) à la fin de la phrase, mais jamais en fin de ligne. Ce signe est, par ailleurs, utilisé beaucoup plus fréquemment au milieu d'une proposition [1] et, avec cette valeur, dans trois cas seulement en fin de ligne.

Dans 4% des cas, la première main signale la fin de la sentence par un espace blanc (cfr 9, *17*; 10, *14*; 15, *6* etc.) [2], indication de lecture que nous trouvions également dans BO.

Dans les 16% des cas restants, il n'y a aucune indication de fin de sentence : c'est là qu'intervient le correcteur de « seconde encre » avec ses deux procédés.

Dans les pages 1-11, il met systématiquement des signes de ponctuation à toutes les fins de sentence, et, de ce fait, assez fréquemment en fin de ligne (en moyenne, 6 par page). Ils ont la forme d'énormes accents aigus, placés généralement assez haut. On ne peut les confondre avec ceux de la première main, qu'ils ont pu cependant renforcer en les recouvrant complètement sous l'épaisseur du trait.

Ce correcteur use également de la barre avec prodigalité, suivant des principes qui lui sont propres : il la répète sur deux consonnes voisines, cfr **ⲀⲢⲰⲦ̄Ⲛ̄** 5, *8*, **ⲚⲦⲀⲦ̄Ⲙ̄ⲤⲰⲦⲘ** 6, *9*, **Ⲙ̄Ⲛ̄ⲦⲤⲀⲂⲈ** 7, *14*, il l'inscrit, sans raison apparente, sur une consonne initiale, cfr **Ⲛ̄ⲀϢⲀϪⲈ** 5, *10*,

[1] Cfr 120, *4-5* : **ⲈϢⲀⲨⲢ̄ⲢⲞ' Ⲛ̄ⲆⲒⲔⲀⲒⲞⲤ ϨⲘⲘⲀⲤⲦ' ϨⲈⲨⲐⲢⲞⲚⲞⲤ**; usage similaire dans BO et les manuscrits anciens S, A ou A^{2}.

[2] Voir pl. I, l. 4. Ces espaces sont reproduits dans notre transcription.

N̄AY 6, *13* [1], il renforce et régularise un crochet de forme et de signification anormales, 3, *6*.

Mais son zèle faiblit bientôt devant l'énormité de la tâche. Dès la page 9, il renonce à ajouter le signe en fin de ligne. Il interrompt son activité ou change de procédé à la fin de la page 11. Les pages 12-13 sont sans corrections.

Le correcteur des pages 14 à 123 use de la même encre noire, mais un peu plus fluide. Le trait paraît plus fin, moins maladroit. Les signes de ponctuation, imitant ceux de première main, ont la forme d'un esprit doux très fermé [2], l'ouverture un peu inclinée vers le bas, placés assez haut dans la ligne. Souvent, ils renforcent des signes inscrits par la première main [3]. A la fin du codex, l'imitation devient moins exacte, et l'apostrophe, plus sommaire, ressemble à un accent grave, l'inverse de l'accent aigu des pages 1-11.

La ponctuation n'est complétée qu'avec parcimonie : à peine plus d'un signe par page, jamais en fin de ligne, omission dans 1% des cas. Aucune barre n'est ajoutée. En revanche, on constate quelques corrections du texte, souvent maladroites, et même un petit ornement (? 117, *6*) griffonné en pointillé sur un mot, et pouvant figurer un visage rudimentaire (œil et nez).

Erreurs du copiste

Les plus graves fautes du copiste ont échappé à ses correcteurs. Les plus courantes sont, en fait, des bizarreries orthographiques [4]. Elles nous paraissent relever surtout de la psychologie du scribe, peut-être aussi parfois de l'état de son modèle, et des conditions dans lesquelles il semble l'avoir copié. Cet homme n'avait pas, sans doute, un sens linguistique particulièrement pénétrant; manquant d'esprit d'initiative, il transcrivait machinalement, semble-t-il, ce qu'il croyait voir, et n'en cherchait pas toujours la signification. De cette mentalité et de ce comportement du scribe il importe de tenir soigneusement compte,

[1] Cfr Rösch, *Clementsbrief*, Introd., p. XI, qui signale l'usage de la barre dans ΝЄϤ̄-, ΡЄϤ̄-, ΚΡΑϤ̄, ΝΑϨΜЄϤ̄, ΓΑΡ̄ (payrus du Ve siècle).

[2] Voir pl. I, l. 1.

[3] Voir pl. I, l. 13; pl. II, l. 14.

[4] Nous négligeons ici l'usage irrégulier de la barre (Murmelvokal ou **N** en fin de ligne, et d'autres significations que nous étudierons à propos de la lettre ‾), celui du tréma sur bon nombre de **I**, plus rarement sur **Y** et d'autres lettres (erreur, correction, ou procédé imité de la paléographie grecque ?).

si l'on veut éviter de soulever des faux problèmes, qui ne sont en réalité que des accidents graphiques ou des négligences du scribe.

Les *dittographies* ne manquent pas; notons les plus instructives. En **8**, *33*, le scribe donne la première incise du verset, puis passe directement à la dernière; s'étant sans doute aperçu de l'erreur par un coup d'œil sur le modèle, il continue avec la 2e incise jusqu'à, et y compris, la dernière; il gratte celle-ci (encore lisible) au lieu de celle qui était venue avant son tour. En **19**, *23*, il donne deux fois la 2e incise, sans rien barrer. En **20**, après le verset *26*, il passe au verset *28*; puis il continue avec le verset *27* qu'il fait suivre du verset *28*, sans rien barrer; la 2e forme de *28* est conforme à A S, tandis que la 1e présente plusieurs variantes, comme si le scribe avait deux modèles sous les yeux. Dittographies mineures sont la cinquantaine de fois où le scribe commence un mot en fin de ligne et en reprend (habituellement) la dernière lettre au début de la ligne suivante; exemples : **OYM MN̄TPM̄MAO; OYP PHTЄ; ΠЄT TNANOYϤ; BAϨ ϨOYЄ; ΠЄY OYϢHPЄ; NAY OYΩNϨ̄**, etc. Quelle que soit la cause de ce genre de répétition, c'est un fait aussi que, au milieu d'un mot, et, cette fois, en pleine ligne, le copiste double indûment (environ 50 fois) une consonne; exemples : **ΔOKKIMAZЄ; OYΛΛAC; ΠΛΛAC; NOYNNЄ; TAΠΠPO; MHCCЄ; OYCCON; ⳉICCЄ; ϪICCЄ; PATTϤ̄; OYΩΩϨϨM̄**; etc. [1].

Les *haplographies* ne sont pas moins fréquentes; en voici d'évidentes : **11**, *16* **N̄TMN̄TPM̄MAO ⟨N̄ϪΩP ΔЄ NATAϪPO ⳉN̄TMN̄TPM̄MAO⟩**. En **17**, *15*, **ΠЄTNAKPINЄ ΔЄ M̄ΠΔIKOC ϪЄYAΔIKOCΠЄ, ⟨AYΩ ΠAΔIKOC ϪЄYΔIKOCΠЄ⟩, CЄO M̄BOTЄ M̄ΠCNAY**. En **19**, *5*, **NAP̄BOΛ ⟨AϨM̄ΠЄΘOOY⟩**. En **21**, *1*, **⟨TAÏTЄ ΘЄ ЄT⟩ЄPЄΦHT**. Celles qui sont mineures (c'est-à-dire la chute d'une lettre ou d'une syllabe) apparaissent abondamment : **ЄT⟨T⟩ΩΛM̄, ЄT⟨T⟩Hⳉ, ΠЄT⟨T⟩ЄYO, NЄ⟨T⟩ΠHT, ΠЄT⟨T⟩ⳉNO, ⳋAPϤ⟨Ϥ⟩I, N̄TC⟨O⟩ΦIA, N̄ATMO⟨O⟩Y, P̄ΠAPA⟨KA⟩ΛI, M̄ΠATϤ⟨TA⟩ϪPЄ, ЄCϢA⟨ϢA⟩ϪЄ**, etc; sans oublier le cas d'espèce que constitue le doublement, le dédoublement et l'omission de **N** à l'initiale [2].

Peuvent sans doute être classées comme lapsus visuels des lectures constantes, comme **ΛΛΛ**, pour **ΛΛΛΛ** (3 triangles au lieu de 4); **OYOΛMϤ̄**, pour **OYOMϤ̄** (3 triangles au lieu de 2; **M** = 2 triangles); très probablement **ϨIA**, pour **ϨIΛ** (F **ϨIΛ**, B **ϨΛI**) qui se présente 4 fois)

[1] Toutes les graphies sont reprises dans l'Index des mots coptes.

[2] Cfr Kahle, *Bala'izah*, t. I, p. 102 à 122, où tous les cas concernant **N** sont minutieusement passés en revue.

en concurrence avec son synonyme ⲖⲀⲀⲨ (également 4 fois); de même encore ⳉⲖⲖⲀ, pour ⳉⲖⳬⲀ (S A ⲔⲖⳬⲈ)[1]; d'où aussi la double orthographe ⲂⲀⲖ, ⲂⲈⲖⲖ, (S ⲂⲀⲖ, A ⲂⲈⲖ). Au reste, on peut relever encore d'autres confusions entre lettres plus ou moins ressemblantes et peut-être peu lisibles sur le modèle; exemples : ⲞⲢⳉ pour ⲞⲢⳬ[2], ⲘⲞⲨϢⲦ̄ pour ⲚⲞⲨϢⲦ̄, etc.

Les accidents graphiques, que nous venons de passer en revue, sont généralement faciles à repérer, et n'affectent guère le sens de la phrase. Il en va tout autrement quand le scribe, avec une incroyable étourderie, donne à une foule de mots une orthographe qui en modifie le sens[2] : **2**, *8*, Ⲛ̄ⲀⲐⲎⲦ (insensés) pour Ⲛ̄ⲚⲀⲎⲦ (miséricordieux); **5**, *9*, ϨⲞⲘⲦ̄ (bronze) pour ϨⲘⲞⲦ (grâce); **6**, *1*, ϢⲀⳬⲈ (parole) pour ⳬⲀⳬⲈ (ennemi)[4]; **6**, *34*, ⳉⲰϨⲦ̄ (flamme) pour ⳉⲰϨ (émulation); **8**, *25*, ⲤⲂ̄ (holocauste) pour ⲤⲒⲂⲦ̄ (colline); **11**, *1*, ⳬⲒⳉⳉⲢⲞϤ (piège) pour ⳓⲒ Ⲛ̄ⳉⲢⲞϤ (mesure truquée); **11**, *15*, ϨⲂⲎⲨⲈ Ⲙ̄ⲠⲰⲢⳬ ⲀⲂⲞⲖ (œuvres de séparation) pour ϨⲂⲎⲨⲈ Ⲙ̄ⲠⲰⲢⳬ̄ (œuvres de sécurité); **12**, *2*, ⲘⲞⲤⲦⲈ (haine) pour ⲘⲈⲈⲨⲈ (pensée); **13**, *14*, ⲔⲈⲠⲎ (hâte) pour ⲠⲎⲄⲎ (source); **15**, *10*, ⲘⲞⲨϨ (remplir) pour ⲘⲞⲨ (mourir); **16**, *11*, ⲘⲀϢⲦⲀ (oreille) pour ⲘⲀⳓⲀ (balance); **16**, *27*, ϢⲒⲦⲈ (mendier) pour ϢⲒⳉⲈ (creuser)[3]; Ⲣ̄ⳅⲘ̄ⳅⲀⲖ (servir) pour Ⲣ̄ϨⲀⲖ (tromper, **16**, *29*) et pour Ⲣ̄ϨⲀϨ (être nombreux, **19**, *7*); **18**, *12*, ⲠⲈⲐⲞⲞⲨ (le mal) pour ⲠⲈⲞⲞⲨ (la gloire); **18**, *19*, ⲞⲢⳉ̄ (juré) pour ⲞⲢⳬ̄ (assuré, fortifié)[4]; **19**, *25*, ⲘⲞⲨϢⲦ̄ (examiner) pour ⲚⲞⲨϢⲦ̄ (endurcir); **20**, *5*, ϢⲎϤ (désert) pour ϢⲎⳉ (profond); etc. Et que dire des non-sens, comme **13**, *14*, ⲞⲨⲚ̄ⲞⲨⲰ⸗ⳅ Ⲛ̄ⲔⲈⲠⲎ (S ⲞⲨⲚ̄ⲞⲨⲠⲎⲄⲎ Ⲛ̄ⲰⲚϨ̄); **16**, *24*, ⲞⲨⲂⲒⲈ Ⲙ̄ⲘⲞⲨⲖϨ̄ (S ⲞⲨⲘⲞⲨⲖϨ̄ Ⲛ̄ⲈⲂⲒⲰ); **16**, *27*, ϢⲒⲦⲈ[5] ⲚⲀϤ ⲤⲈϨⲘ̄ⲠⲈⲐⲞⲞⲨ (S ϢⲒⲔⲈ ⲚⲀϤ Ⲛ̄ϨⲈⲚⲠⲈⲐⲞⲞⲨ, G ὀρύσσει ἑαυτῷ κακά); **21**, *1*, Ⲛ̄Ⲧⳅⲉ Ⲙ̄ⲠⲞⲨⲞⲈⲒⲚ ⲘⲚ̄ⲠⲘⲞⲞⲨ[6] (S Ⲛ̄ⲐⲈ Ⲙ̄ⲠⲞⲨⲞⲈⲒ Ⲙ̄ⲠⲘⲞⲞⲨ, G ὥσπερ ὁρμὴ ὕδατος); **12**, *14*, a la teneur suivante: ⲠⲈⲦⲚⲀⲚⲞⲨϤ ⲚⲀⲤⲒ ⲀⲂⲞⲖ ⳅⲚ̄Ⲛ̄ⲔⲀⲢⲠⲞⲤ Ⲛ̄ⲦⲀⲠⲢⲞ Ⲛ̄Ⲛ̄ⲢⲰⲘⲈ; comparez S A, ⲦⲮⲨⲬⲎ Ⲙ̄ⲠⲢⲰⲘⲈ ⲚⲀⲤⲈⲒ Ⲛ̄ϨⲈⲚⲠⲈⲦⲚⲀⲚⲞⲨϤ ⲈⲂⲞⲖ (A ⲀⲂⲀⲖ) ϨⲚ̄Ⲛ̄ⲔⲀⲢⲠⲞⲤ Ⲛ̄ⲦⲈϤⲦⲀⲠⲢⲞ, et G ἀπὸ κάρπων στόματος ψυχὴ ἀνδρὸς πλησθήσεται ἀγαθῶν.

[1] Dans S (Worrell) : deux fois ⲔⲖⲖⳬⲈ.

[2] La forme erronnée n'a qu'une parenté *phonétique* avec celle qu'elle remplace; le sens nouveau est parfois une *interprétation* du copiste.

[3] Cfr Kahle, p. 145, Ϣ = ⳬ; il cite ϢⲀⳬⲈ (Lagarde, *Sir.* XLIX, 10).

[4] Cfr Kahle, p. 145, Ⲕ = ⳬ; il cite ⲰⲢⲔ (H. R. Hall, *Coptic and Greek Texts...* Brit. Museum, 1905, p. 100).

[5] Crum (555*b*), signale cependant sous ϢⲒⲔⲈ une forme ϢⲒⲦⲈ A.

[6] Orthographié Ⲙ̄ⲠⲞⲨⲞⲈⲒ⸗ ⲘⲘ̄ⲠⲘⲞⲞⲨ.

La prudence demande donc que, avant d'enregistrer une forme comme vraiment nouvelle, ou comme constituant une variante textuelle réelle, on examine s'il ne s'agit pas de quelque produit de la désinvolture du scribe.

Alphabet et orthographe

Quoi qu'il en soit, le papyrus Bodmer VI (= P) est incontestablement d'un intérêt capital pour l'étude de la dialectologie copte, par son apport de données nouvelles. Dès le premier abord, à la lecture de ce curieux texte, on est frappé de constater, dans un manuscrit qui ne peut guère remonter au-delà du IVe siècle, et dans un texte littéraire, l'emploi d'un alphabet copte en voie de formation, — ou, si l'on veut, archaïque — alors que quantité de manuscrits au moins aussi anciens [1] témoignent de l'existence et de l'usage courant de l'alphabet tel que nous le connaissons. Voici l'alphabet de P :

Ⲁ : est du vocalisme [2] tantôt de A, tantôt de S; il apparaît dans quelques terminaisons, **ⲔⲞⲞⲘⲀ**, **ⳈⲖⲖⲀ**, **ⲘⲎϢⲀ**, **ⲘⲀϢⲦⲀ**, **ⲤϿⲚⲀ** (?), **ⲦⲎⲂⲀ**, **ⲦⲰⲂⲀ**, **ϢⲰⲰϤⲀ** [3]; il sert à exprimer uniformément la négation (S **ⲀⲚ**, A **ⲈⲚ**), et peut-être sporadiquement la caractéristique du futur (S A **ⲚⲀ-**) [4].

Ⲃ : n'est jamais remplacé par **Ϥ**, **Ⲫ**, ou **Ⲡ**.

Ⲅ : a sa valeur normale dans les mots grecs; dans les mots coptes, à coté de **Ⲕ**, il remplace **Ϭ** (cfr **ⲄⲈⲢⲰⲂ**, S **ϬⲈⲢⲰⲂ**) [5], et a la même valeur **Ϭ** quand il représente le **Ⲛ** assimilé devant **Ϭ** (cfr **ϪⲒⲄⲔⲞⲞⲚⲤ̄**, S **ϪⲒⲚϬⲞⲚⲤ̄**).

Ⲇ : a sa valeur normale; exceptionnellement remplacé par **Ⲧ**, **ⲦⲞⲖⲞⲤ** (δόλος).

Ⲉ : vocalisation oscillante entre A et S [6].

Ⲍ : n'apparaît que dans les mots grecs.

[1] Voir la longue liste dressée par Kahle, p. 269 et suivantes (IIIe au Ve siècle).

[2] Cfr Kahle, spécialement p. 68, §§ 21 et 43.

[3] Cfr J. Vergote, *Phonétique*, p. 88.

[4] Sur ce futur, voir Kahle, p. 151, § 128.

[5] Cfr Kahle, p. 147, § 125.

[6] Cfr Kahle, pp. 58 et ss., §§ 7, 19 à 21.

H : ne mérite de mention spéciale que comme vocalisme de quelques mots de type F ou B : **MHI, MHЄIN, CHЄIN, ϨINHM, NHI, N̄M̄MHI.** Rarement, le correcteur complète **H** en **HY** en surmontant sa seconde barre verticale des deux branches du **Y** (p. ex. 35, *15*; 47, *14*).

Θ : comme en S, est pour **Tϩ**; très souvent précédé d'un **T** (exemples : **ATΘHT, ПЄTΘOOY**).

I : s'écrit **I, ЄI, ЄЄI**; **I** = **H** dans les mots grecs **H, MH.**

ⳉ : lettre démotique, remplace partout **K** dans les mots coptes, sauf quelques **K** restés au bout du calame du scribe [1], peut-être sous l'influence de son modèle : **ПKKΛHPOC; NK̄KAPПOC; ΛOKK** (**ΛAϬK̄** A A[2]); **KMϢ̄** et **KΩMϢ̄** (S); **ПK̄ϧBHP; ⳉΩK.**

K : a sa valeur normale dans les mots grecs, où l'on trouve 86 fois le compendium des manuscrits grecs, **ϗ** (= **KAI**), exceptionnel (cfr *infra*) dans les mots coptes. Dans les mots coptes, **K** remplace le **Ϭ** du copte classique. Le compendium **ϗ** correspond à S A **ϬЄ**; et **N̄ϗ** à A **N̄ϬЄ**, S **N̄ϬI** [2].

Λ : alterne avec **P** dans le mot grec (?) **KΛHCΘAPOC**, corrigé en **KPHCΘAΛOIC.** Des formes comme **OYOΛMϤ̄** pour **OYOMϤ̄**, **ⳉΛΛA** pour **ⳉΛⳉA** (A S **KΛⳉЄ**), ne peuvent être que des lapsus (cfr *supra*, p. XVII).

M : offre ceci de particulier [3] que la préposition **MN̄**, devant **П**, devient **MM̄**. Deux fois **CΩTN̄** pour **CΩTM̄**, **N̄ПPΩMЄ** et **M̄TMNT̄MHI**, sont à classer comme distractions du scribe.

N̄ : présente à peu près tous les cas décrits par P. Kahle, *op. l.*, p. 105, § 80, et p. 109, § 90 [4].

¯ et ⊥ : sont utilisés concurremment à **N**, mais ont aussi parfois la valeur de l'*aleph*. Le ¯, régulièrement utilisé dans le Papyrus

[1] Souvent au voisinage de **K** ou **ϧ**.

[2] Cfr Kahle, p. 147, § 126, **K** = **Ϭ**; il fait remarquer que les quelques exemples relevés sont anciens, que tous proviennent de manuscrits akhmîmiques, semi-akhmîmiques ou thébains, et que presque tous les exemples non-littéraires de cette forme proviennent également de Thèbes.

Le Professeur J. Vergote nous écrit encore à propos de **ⳉ** et **K** : « L'emploi de **K** me paraît dicté par l'opposition avec B. Puisque, dans ce dialecte, **Ϭ** avait la valeur [č], on n'a pas voulu employer ce signe pour le k mouillé [k], comme le faisait le sahidique. On l'a remplacé par la lettre grecque **K.** Il a fallu, par conséquent, choisir un autre signe pour [k] et l'on a emprunté, très judicieusement, le signe démotique **ⳉ**, représentant k. Ceci me paraît indiquer un contact très intime avec le dialecte bohaïrique, puisqu'on redoutait, plus que dans le reste de l'aire sahidique, l'ambiguité du signe **Ϭ** ».

[3] En dehors de l'habituel **M** = **N** devant labiales; cfr Kahle, p. 98, § 76.

[4] On ne trouve qu'un cas de **NΓAP** (4, *23*), qui n'est peut-être qu'un **N** corrigé en **Γ**; cfr Kahle, p. 102, § 79A.

London 89 [1], pourrait dériver du *n* démotique, et le ⏊ [2] de l'*aleph* démotique. Différentes par leur origine, ces deux lettres se trouvent ici totalement confondues. En outre, leur usage est des plus irrégulier; elles sont peu nombreuses, et paraissent progressivement éliminées par **N** [3]. Le modèle les utilisait-il plus souvent, et le copiste s'est-il progressivement enhardi à le corriger? Ici, ⁻ et ⏊ sont encore d'usage exclusif dans des mots tels que **(Ω)Ω⏊ϧ** ou **(Ω)Ω⁻ϧ**, ou encore les formes monosyllabiques du conjonctif : **⏊ϫ-** (**⁻ϫ-** ou **⏊Γ-**), **⏊Ϥ-** ou **⁻Ϥ̄-**), **⏊C-**, mais **N̄TA-**, **N̄TN̄-**, **N̄TЄTN̄-**, **N̄CЄ-**, **N̄TЄ-** [4]. Ailleurs, ils sont déjà concurrencés : **OYOЄI⏊** voisine avec **OYOЄIN**. Ils apparaissent sporadiquement, avec la valeur *n* ou *aleph*, dans des formes verbales secondaires ou des dérivés substantifs : **P⏊ϫT-** (ou **PϫT-**, de **PIϫЄ**), **C⏊N̄OYN̄-**, (ou **CN̄OYN̄-**, de **COOYNЄ**), **T⁻Π-** (de **ΩTΠ̄**), **⏊9M-** (de **Ω9M**), **ϢN̄⏊Є-** (de **ϢΩNϤ̄**); **⏊T⸗** (ou **NT⸗**, de **ÏNЄ**), **ϫA⏊⸗** et **ϫA⁻⸗** (ou **ϫA⸗-** de **ϫΩ**), **ϪO⏊⸗** (ou **ϪOO⸗**, **ϪO⸗**, de **ϪΩ**); **CO⁻T†** (de **CΩNT**), **ϢA⏊T†** (ou **ϢAAT†**, **ϢAT†**, de **ϢΩΩT**), **9O⏊Π†** (ou **9OΠ†**, de **9ΩΠЄ**); **ЄΛ⏊ΛϫHMЄ** (ou **ЄΛΛ̄AϫHMЄ**, de **ЄΛOΛЄ**), pluriel **ϫЄЄ⏊C** (ou **ϫЄ̄Є̄C**, **ϫЄЄC** : ὀστοῦν). Enfin, rarement, ils remplacent ou répètent inutilement le **N-** préposition, particule, ou pluriel de l'article défini; cfr : **OYON NIB ЄTϫΩ ⏊ϨTHY APOC** 13, *14*, **ϨN̄ϧIOOYЄ ⏊TMHI** 44, *8*, **AΠMA ⁻N̄ϨM̄ΠЄTNANOYOY** 104, *14*, **O ⏊PPO** 43, *8*, **NAMA ⏊NNI AϧOYN** 47, *10* [5], **⏊TϧЄ** (à côté de **N̄TϧЄ**, **N̄ΘϧЄ**, **TϧЄ**). Notons enfin que la lettre ⁻, ayant la double valeur de *n* ou *aleph* [6], paraît avoir contaminé l'usage de la barre, qui possède également la double valeur de **N** (en fin de ligne), et de Murmelvokal, rendu

[1] Cfr Černy, *Horoscope*.

[2] C'est, à notre connaissance, la première fois qu'on trouve cette lettre dans un texte copte ou vieux-copte; on notera sans doute une forme très semblable du **Ϫ** dans : Crum, *Aegyptian Text*, sans doute aussi dans divers textes auxquels il renvoie. Mais la ressemblance reste purement graphique.

[3] ⏊ se trouve ici 120 fois (1 fois par page), et ⁻ 18 fois seulement (moins d'une fois pour 7 pages). Dans la première moitié du texte, leur usage est deux fois plus fréquent que dans la seconde.

[4] P. Lond. 89 écrit toujours **ΩNϧ**, notre texte jamais. P. Lond. 89 utilise ⁻ pour tout le conjonctif : **⁻TϤ̄**, **⁻TC**, **⁻TOY**.

[5] Cfr les formes de BO avec **N̄NI** : *Jean* **7**, *8*, **18**, *15*, **21**, *22*, *23*. Noter cependant que, dans certains cas où ⏊ (ou ⁻) suit une voyelle, on pourrait lui donner la valeur d'*aleph* et le rattacher au mot précédent; cfr **AΠMA⏊ ЄTЄYCOOYϨ APOϤ** 19, *11*; **ϨN̄ϧPЄ⁻ M̄MNT9AϤT** 19, *16*; et 104, *14*, cité ici.

[6] Cette double valeur pourrait-elle être rapprochée de formes dialectales comme **N̄TA-** ou **ЄTA-**, **MN̄T-** ou **MЄT-**, **NT̄BЄ-** ou **ЄTBЄ-**, **ϨOMT̄**, **ϨOMЄT** ou **ϨOMN̄T**, etc. ?; cfr Kahle, p. 113, § 82.

parfois par Ⲉ. Nous avons ici des « doublets » significatifs : ⲆⲈⲈ⁺Ⲥ, ⲆⲈⲈ̄Ⲥ, ou ⲆⲈⲈⲤ; ⲈⲖ⁺ⲖⲀⲆⲎⲘⲈ ou ⲈⲖⲖ̄ⲀⲆⲎⲘⲈ; ⲘⲀⲢ⁺ⲤⲤ- ou ⲘⲀⲢⲤ̄-; on peut les comparer à la négation sahidique ⲀⲚ, qui s'écrit ici toujours sans Ⲛ, le plus souvent Ⲁ, parfois Ⲁ̄, rarement ⲀⲀ [1], ou encore aux nombreuses formes dans lesquelles la voyelle, redoublée, est surmontée de la barre, qui semble relier les deux lettres entre elles[2] ; cfr : ⲀⲠⲈⲈ̄, ⲒⲞⲞ̄ⲦⲈ, ⲆⲈⲈ̄Ⲥ, ⲞⲞ̄ⲤⲈ, ⲤⲘⲎⲎ̄, ⲦⲈⲨⲞⲞ̄, ⲦⲀⲠⲢⲞⲞ̄, ⲞⲨⲎⲎ̄ⲞⲨ, ⲰⲰ̄ⲚⲈ, ϢⲞⲨⲰⲰ̄, ⳉⲒⲎⲎ̄, ⳉⲖⲖⲞⲞ̄, ϨϨⲈⲈ̄, ϨⲞⲨⲞⲞ̄, ϨⲆⲞⲞ̄ [3].

Ⲝ : n'est d'usage que dans les mots grecs.

Ⲟ : apparaît dans quelques terminaisons : ⲂⲞⲦⲞ, ⲆⲀⲆⲞ; c'est le vocalisme le plus fréquent, comme en sahidique : ⲚⲞⲂⲈ, ϨⲘⲞⲦ, ⲀⲂⲞⲖ, etc. Le compendium correspondant à ⲞⲨ (Ⲟ surmonté des branches du Ⲩ) apparaît quelquefois.

Ⲡ : est d'usage normal, sauf pour le grec ⲠⲖⲀⲦⲈ = ⲂⲖⲀⲠⲦⲈ.

Ⲣ : est parfois précédé de Ϩ (ϨⲢⲆⲢⲒⲆⲈ). Il est confondu avec Ⲗ dans le grec ⲔⲢⲎⲤⲐⲀⲖⲞⲒⲤ écrit d'abord ⲔⲖⲎⲤⲐⲀⲢⲞⲤ.

Ⲥ, Ⲧ, Ⲩ, Ⲫ (parfois pour ⲠϨ), Ⲭ, Ⲯ (rarement pour ⲠⲤ), Ⲱ : sont d'usage normal.

Ϣ : comme dans les autres dialectes, sauf, sous l'influence du sahidique, ⲘⲀϢ{Ⲧ}Ⲁ pour ⲘⲀ9Ⲁ (**16**, *11*); ⲞⲞ⁺Ϣ pour ⲞⲞ⁺9 (**18**, *28*); ⲠⲈⲦϢⲞ (= ⲠⲈⲦ⟨Ⲧ⟩ϢⲞ) pour ⲠⲈ⟨Ⲧ⟩ϪⲞ (**11**, *18*; cfr *21*) [4].

9 : lettre démotique *h* [5]; ici renversée, elle existe, sous cette forme, dans le P. Lond. **89**, mais avec la valeur de Ϩ. Dans P, elle correspond à S A² F B Ϣ, à A ⳓ et Ϣ surmonté d'une croix et deux points (dans l'Ascension d'Isaïe [6], en akhmîmique). Il n'est pas sans intérêt de noter que, dans la finale -Ϫ9, P correspond régulièrement 2 fois à A (ⲚⲞⲨϪⳓ, ⲠⲰϪⳓ), mais une fois à A (ⲘⲞⲨϪϬ ou ⲘⲞⲨϪⲦ), et chaque fois à S : ⲘⲞⲨϪϬ (ou ⲘⲞⲨϪⲦ), ⲚⲞⲨϪϬ, ⲠⲰϪϬ [7].

Ϥ : rien de spécial, sauf (**19**, *14*) ϢⲚ̄⁺ⲈⲨϨⲤⲒⲘⲈ (= S ϢⲈⲚϤ̄ⲞⲨⲤϨⲒⲘⲈ); lire (?) ϢⲚ̄⁺⟨Ϥ⟩ⲈⲨ-.

[1] Cfr aussi la chute du Ⲛ après Ⲁ dans ϨⲈⲖⲀⲔ ⲀⳉⲒⲞⲞⲨⲈ (**10**, *17*), pour Ⲁ⟨Ⲛ̄⟩ⳉⲒⲞⲞⲨⲈ.

[2] Voir pl. I, l. 5.

[3] Cfr Rösch, Introd., p. XI, qui cite les formes akhmîmiques ϨⲖⲖⲞ̄, ϨⲞⲨⲞ̄, ϪⲠⲒⲞ̄, ⲘⲞⲨ̄, et ⲠⲀ̄Ⲃ (= ⲠⲀⲀⲂ, la prostituée de Jéricho).

[4] Cfr Kahle, p. 132, § 116, Ϫ = ⲦϢ; P donne encore un autre exemple, voir à la lettre Ϫ.

[5] Utilisée dans plusieurs textes vieux-coptes. Cfr Erman, *Zauberpapyrus;* Crum, *Egyptian Text.*

[6] Cfr Lacau, *Ascension d'Isaïe*; Kahle, p. 144, § 123D, et le tableau p. 205.

[7] ⲰⲰϪ9 (**14**, *28*) doit être plutôt un lapsus; cfr S ⲰϪⲚ, A ⲰϪⲚⲈ.

ϩ : ne se trouve nulle part en P.

ⳉ : n'était connu jusqu'ici qu'en B et O [1]; l'égyptien *h* a donné ϩ en S A^2 F, et ϩ en A. Le scribe l'emploie indûment **(4,** *19*) **ⲚⲀⳉ ⲚⳉⲈ** pour **ⲚⲀϤ ⲚⳉⲈ; (19,** *7*) {ⳉ}**ⲚⲞⲨⲔⲀⲔⲒⲀ** et {ⳉ}**ⲚⲀⲨϪⲎⲈⲒⲦⲈ**. Ailleurs, il l'omet, pour le motif qu'on verra plus loin.

ϩ : se rencontre dans les textes littéraires de tous les dialectes. Dans la prononciation du scribe, ce son devait être très faible, car il fournit à peu près tous les cas relevés par P. KAHLE [2]. Au préalable, notons l'usage exclusif de **ⲘⲞϩⲈ**, forme akhmîmique avec vocalisme sahidique (A **ⲘⲀϩⲈ**, S **ⲘⲞⲞϢⲈ**), ainsi que **ϩⲰ(Ⲱ)ⲦⲘ 10,** *7*, **13,** *9*, à côté de **ϤⲰⲦⲘ 4,** *12* (S **ϢⲰⲦⲘ, ϩⲰⲦⲘ** (une fois), A **ϩⲰⲦⲘⲈ**). Comme métathèse, on ne trouve régulièrement que **ϩⲤⲒⲘⲈ** (= **ⲤϩⲒⲘⲈ**) et **ⲠϢⲦⲰⲢⲈ** (= **ϢⲠⲦⲰⲢⲈ**); les additions sont plutôt rares : **(6,** *28*) **ⲤⲀ**{ϩ}**ⲦⲈ** (S **ⲤⲀⲦⲈ**, A **ⲤⲈⲦⲈ**); **(12,** *25*) **ⲞⲨⲰ**{ϩ} (S **ⲞⲨⲰ**, G ἀγγελία); **(5,** *5*; **10,** *4*) **ⲢⲬⲢⲰ**{ϩ} [3]. Autrement instructives sont les hésitations (ϩ en surcharge, exemples **2,** *7*, **6,** *11*, etc.; les alterannces **ⲞⲢⲄⲎ** et **ϩⲞⲢⲄⲎ**), et surtout les omissions. Ces dernières, comme le souligne P. KAHLE (p. 143, 123^a), sont souvent difficiles à repérer. S'il est clair qu'on peut amender **ⲞⲨⲀϩⲤⲀ⟨ϩ⟩ⲚⲈ (9,** *16*), **ⲞⲨⲰ⟨ϩ⟩ (9,** *18*), il n'est pas aisé de décider entre l'article défini **Ⲛ̄** et l'indéfini **ϩⲈⲚ** (**ϩⲚ̄** dans l'orthographe constante de P). Là où l'on peut voir avec certitude l'omission, c'est dans les formules adverbiales et ce qu'on pourrait appeler les cas obliques; sinon, on risque de prendre pour un complément direct ce qui ne l'est sûrement pas; exemples : **(5,** *14*) **ⲀⲈⲒϤⲰⲠⲈ Ⲙ̄ⲠⲈⲐⲞⲞⲨ ⲚⲒⲂ** (S **ⲀⲒϢⲰⲠⲈ ϩⲘ̄ⲠⲈⲐⲞⲞⲨ ⲚⲒⲘ**); **16,** *20*) **ⲠⲢⲘ̄Ⲛ̄ϩⲎⲦ Ⲛ̄Ⲛ̄ϤϩⲂⲎⲨⲈ** (S **ⲠⲢⲘ̄Ⲛ̄ϩⲎⲦ ϩⲚ̄ⲚⲈϤϩⲂⲎⲨⲈ**); **(14,** *17*) **ⲒⲢⲈ Ⲛ̄ⲞⲨⲘⲚ̄ⲦⲀⲦϢⲞϪⲚⲈ** (S **ⲈⲒⲢⲈ ϩⲚ̄ⲞⲨⲘⲚ̄ⲦⲀⲦϢⲞϪⲚ̄Ⲉ**), etc. De tels exemples sont fort instructifs du fait qu'il s'agit de la préposition : S **ϩⲚ̄**, A **ϩⲚ̄**, que P écrit partout, et sans exception, **ⳉⲚ̄**. Comment expliquer l'absence de ⳉ autrement que par un

[1] En P, sa forme est plus proche de celle des textes O que B : *Demotic Magical Papyrus*, ed. F. Ll. GRIFFITH and H. THOMPSON; *Mythus vom Sonnenauge*, ed. W. SPIEGELBERG; *Horoscope*, ed. F. Ll. GRIFFITH, dans ZÄS, XXXVIII, 71; *An Egyptian Text in Greek Characters* (P. Ox.), ed. W. E. CRUM, dans JEA, 28, 1942.

[2] Cfr KAHLE, p. 139, § 123 : « The irregular omission, addition or metathesis of the letter ϩ to a greater or lesser extent characterises most of the early Coptic manuscripts, and the final standardisation of the correct use of this letter can hardly have taken place much before the early fourth century. The principal reason for this is probably the fact the letter was weak, and perhaps in some districts was hardly or irregularly pronounced».

[3] Sur ce verbe, voir BÖHLIG, *Lehnworter*, p. 135.

modèle ne distinguant plus ϩ et ɦ, comme c'est le cas du sahidique classique? Hypothèse que confirment des graphies comme **ϩΡΗΙ ɦΝ̄-, ɦΡΗΙ ɦΝ̄-** (**12**, *11*, **5**, *5*) (S **ϩΡΑΪ ϩΝ̄-**, A **ΝϩΡΗΙ ϩΝ-**); ajoutons-y une absurdité comme (**15**, *10*) **ΝΑΜΟΥϩ Ν̄ϢΩΩϹ** (S **ΝΑΜΟΥ ϩΝ̄ΟΥϹΩϢ**, A **ΝΑΜΟΥ ϩΝ̄ΟΥϢΩϹ**, G τελευτῶσιν αἰσχρῶς), qui, même coupé **ΝΑΜΟΥ ϩΝ̄ϢΩΩϹ**, devrait être amendé en **ɦΝ̄ΟΥϢΩΩϹ** et n'en suppose pas moins un modèle **ϩΝ̄-**. Quoi qu'il en soit, il y a en cela un indice révélateur de l'orthographe du modèle et de son dialecte.

Ϫ : en dehors de son emploi normal, représente une fois **9** (**11**, *1* **ϪΙⲖⲖΡΟϤ**, A **ϩΙ Ν̄ΚΡΑϤ**) [1]; il est remplacé une fois par **Ϣ** (**1**, *32* **ЄΤΒЄϢΑΥϪΙ**, S **ЄΤΒЄϪЄΑΥϪΙ**); le présent d'habitude **ϢΑΥ-** étant inconnu de P, on ne peut amender : **ЄΤΒЄ ⟨ϪЄ⟩ϢΑΥϪΙ** [2].

Ϭ : est totalement absent de P, qui le remplace régulièrement par **Κ** [3].

Ϯ : usité pour le verbe **Ϯ** et ses composés (sauf une fois **ΤЄΙ**), et dans des crases du type **ΝЄϮΡЄ** (= **ΝЄΤЄΙΡЄ** S), **ΝЄΤϮΡЄ** (**12**, *22*, **13**, *7*, **14**, *22*, etc.) [4].

Grammaire de P

Ce ne sont pas le curieux consonantisme de P et son vocalisme oscillant entre S et A, et parfois F, qui constituent les seules caractéristiques de ce texte, mais tout son appareil grammatical, que nous allons passer rapidement en revue [5]; naturellement, nous ne relèverons que ce qui sert à le caractériser.

A. *Préfixes*

Ρ̄-, qui précède les verbes grecs, sauf en sahidique, apparaît en P 40 fois (avec 22 verbes); mais **Ρ̄-** manque 29 fois (avec 9 verbes). Ces chiffres semblent indiquer que le scribe voulait employer **Ρ̄-**, mais que, dans sa négligence, il a subi l'influence de son modèle, de type S, un certain nombre de fois.

[1] Cfr Kahle, p. 146, § 123L, ϩ = Ϫ.

[2] Cfr Kahle, p. 146, § 123K, Ϣ = Ϫ.

[3] Cfr Kahle, p. 147, § 126, Κ = Ϭ : «Some early examples, it may be noted that all these examples are from Achmimic, semi-Achmimic or Theban manuscripts». L'absence du Ϭ est générale dans tous les textes dits «vieux-coptes».

[4] Cfr P. Kahle, *op. l.*, p. 148, § 127E, *The letter* Ϯ.

[5] Dans cet examen, nous suivons l'ordre des §§ de Till, *Dialektgrammatik*, Munich, 1931.

ΡЄϤ- (*nomen agentis* invariable), dont l'étymologie (ΡⲘ̄ЄϤ-) n'était illustrée, jusqu'ici, que par quatre ou cinq exemples [1], se présente en P sous une longue série [2] de formes proches du point de départ. Il écrit : après l'article défini Π, Τ, Ν̄ : ΡⲘ̄ЄΤ- (constr. relative); après l'article défini ΟΥ, ϨЄΝ (ϨΝ̄) : ΡⲘ̄ЄϤ-, ΡⲘ̄ЄС-, ΡⲘ̄ЄΥ- (constr. participiale avec accord). Le sens originel devait être encore bien senti dans le dialecte de P, puisque là où ΡΩΜЄ est antécédent (ΠΡΩΜЄ Ν̄ΡЄϤΡ̄ΝΟΒЄ, S A), il construit : ΟΥΡΩΜЄ ЄϤΜΟСΤЄ (**12**, *2*), ΟΥΡΩΜЄ ЄϿΑΡϤ̄- (**15**, *18*), ΠΡΩΜЄ ЄΤϿΑΡ- (**17**, *20*), Ν̄ΡΩΜЄ ЄΤΜΟΥϢΤ̄ (**20**, *27*), par souci d'éviter la tautologie : ΡΩΜЄ Ν̄ΡⲘ̄- [3].

On relève toutefois un cas troublant : ΜΑΡЄΠϤϪΝΑΥ (S ΜЄΡЄΠΡЄϤϪΝΑΑΥ, A ΜΑΡЄΠΡЄϤϪΝΟ, **20**, *4*). Comme il ne peut s'agir du possessif ΠϤ̄-, et vu que l'article est défini, la seule correction admissible est Π⟨Ρ⟩ϤϪΝΑΥ; ce qui suppose un modèle ayant déjà la forme cristallisée ΠΡЄϤ-.

B. *Pluriel*

Dans les mots coptes, la forme est presque exclusivement celle de S; à noter ϢΡΗΥ (**11**, *28*), pluriel (thébain) de ϢΗΡЄ. A moins d'un lapsus du scribe, ⳽ЄΟΥЄ (1 fois) est plutôt du type A; ϪΙСΗΥЄ (1 fois, **17**, *2*) est influencé par F ϪΙСΗΥΙ.

Dans les trois substantifs grecs ЄΝΤΟΛΗ, ΦΥΛΗ, ΨΥΧΗ, le pluriel est du type F ΨΥΧΗΟΥ, c'est-à-dire ЄΝΤΟΛΗΥ, ΦΥΛΗΥ, ΨΥΧΗΥ.

C. *Comparatif* (de supériorité)

Dans tous les dialectes coptes, il s'exprime par le positif suivi de la préposition *sur* : Α- P A (Є- S); exemple : P СΟΤΠ̄ Α-, СΟΤΠ̄ ΑΡΟϤ (S СΟΤΠ̄ Є-, СΟΤΠ̄ ЄΡΟϤ); et avec renforcement : Ν̄ϨΟΥΟ Α-, Ν̄ϨΟΥЄ- (S Ν̄ϨΟΥЄ, ЄϨΟΥЄ-), mais le plus souvent [4] : Ν̄ϨΟΥΟЄΙΤ Α- (8 fois), Ν̄ϨΟЄΙΤ Α- (3 fois); formule nouvelle [5] à laquelle A S correspondent par Ν̄ϨΟΥΟ Α-, Ν̄ϨΟΥЄ- comme ci-dessus. Enfin, P se sert deux fois d'un mot nouveau ΘΟΥΡЄ, dont l'état-civil est loin d'être clair [6].

[1] Cfr Crum, 296*a*.

[2] On la trouvera dans l'Index des mots coptes.

[3] Ou bien, il laisse tomber l'antécédent ΡΩΜЄ; exemple : ϨΝ̄ΡⲘ̄ЄΥΡ̄ΝΟΒЄ (S A ϨЄΝΡΩΜЄ Ν̄ΡЄϤΡ̄-, **1**, *10*).

[4] En effet, on ne trouve en P qu'*un* Ν̄ϨΟΥΟ Α- et *trois* Ν̄ϨΟΥЄ- mais *neuf* fois la formule nouvelle.

[5] Toutefois, comparez avec ЄϨΟΥΟЄΙСΤЄ (Crum 736*a*).

[6] **12**, *9*, ΘΟΥΡЄΥΪ ЄϤϮ (S ЄϨΟΥЄΠЄΤϮ, A Ν̄ϨΟΥΟ ΑΠЄΤϮ); **15**, *16*, ΘΟΥΡЄΥΝΑΚ (S ЄϨΟΥЄϨЄΝΝΟϬ, A Ν̄ϨΟΥΟ ΑϨЄΝΝΑϬ).

D. *Noms de nombres*

Trois cardinaux : **CNAY, COOY, CAϤϤ**, de type S; et, de même type, un ordinal : **ϤOPП̄**, comme S.

E. *Pronoms*

a) *Personnels* : absolus, préfixes et affixes sont S, sauf quatre exceptions pour la 2e pers. plur. de l'affixe **-THNE** A, A² (**1**, *27* (*bis*), **9**, *4*, *16*). Le suffixe masculin **-Ϥ** est régulièrement employé pour exprimer le neutre : **EϤXΩ M̄MOϤ, AϤXOOϤ** [1].

b) *Démonstratifs* : absolus sont S; les adjectifs ont la forme commune à tous les dialectes **ПI, ϯ, NI**.

c) *Possessifs* : absolus et adjectifs sont S A, sauf l'adjectif de la 3e pers. plur. **ПOY-, TOY-, NOY-**, A.

d) *Interrogatifs* : **NIM, OY, AϤ**, comme S; (une fois **Aϧ** est un lapsus).

e) *Indéfinis* : **ΛAAY** (1 fois), **ΛAAYE** (3 fois), **ΛAOYE** (1 fois), mélange de S A A². Quatre fois le synonyme **ϩIA** (lire? **ϩIΛ**) [2]; cfr **ϩIΛ** (*once*, dit CRUM), B **ϩΛI**, A **ϩΛEI**. — **OYEI, OYÏ**, A² F. — **OYON**, S. — **ϫE, ϫOOYE**, S. — **NIB**, nouvelle forme; cfr F **NIBI**, B **NIBEN**, SAA² **NIM**.

F. *Prépositions*

A-, comme A A² (= **E-** S F B) dans la plupart des fonctions de **E-** S (CRUM 50*a* à 52*a*); d'où, comme A, **ABOΛ, APOϤ** (le vocalisme **O** est propre à P [3]), **AϧOYN, Aϧ N̄** (= S **EϩN**, CRUM 685*a*) **AXN-** 2. — **AXN̄-** 1, comme S (n'arrive que deux fois : **1**, *33*, **20**, *1*).

MN̄-, S A; P l'assimile en **MM̄-** devant les labiales.

N⸗, 1⁰ pers. **NHI**, F B; les autres pers. sont comme S.

CE-, N̄CE-, comme A.

ϧA-, A B [4].

ϧN̄-, N̄ϧHT⸗, A B.

ϩE-, S thébain (S et tous les dialectes ont **ϩI-**); d'où **ϩETN̄, ϩETOOT⸗, ϩEXΩ⸗**, etc.

1 Cfr KAHLE, p. 150, § 127*a* : «frequent Theban usage».

2 Cfr *supra*, p. XVI.

3 Cfr cependant KAHLE, p. 69 : **ABOΛ** (V. C. 49²; P. Lond. IV 1553³²,³³, 1559) **APO⸗** («six times on the dialectal page (139-140) of the Bruce Codex»).

4 P a fait parfois confusion entre **ϧA-** et **ϩE-** (S **ϩA-**, cfr **6**, *31*, où, au lieu de **ϩEПTOYXOϤ**, on attend **ϧAПETOYXOϤ**; cfr **6**, *35* **ϧN̄ϩAϩ** pour **ϧAϩAϩ**).

G. *Verbes*

1. *Présent I* : commun à tous les dialectes [1].

2. *Présent II* et ses dérivés : les formes pronominales sont S; la forme nominale présente un curieux mélange : **ЄPЄ-** (= S 39 fois); **ЄPЄ-** avec **A** en surcharge (2 fois); **APЄ-** (= A 1 fois); **ЄPA-** (hybride, 5 fois, cfr Futur II); **Є-** (correspondant à **ЄPЄ-** S 10 fois, à A **A-** 8 fois, **APЄ-** 2 fois).

3. *Présent d'habitude* : **9AP⸗**, **9APЄ-**, comme A; avec le relatif, une forme insolite **ЄT9AP-**, 3 fois : (**7**, *10*) **TAÏ ЄT9APTЄΦHT N̄N̄ϢHPЄ 9HM ϪIϤϤOKC** (= S **TAÏ N̄ϢACTPЄ-**, A **TЄÏ ЄⳈAPЄCTЄ-**); (**12**, *28*) **ЄPЄN̄ƄIOOYЄ N̄N̄PΩMЄ ЄT9APMⲖMⲖПЄΘOOY** (= S **ЄPЄN2IOOYЄ ΔЄ N̄N̄PЄϤMЄЄYЄ...** A **APЄN̄ⳈOOY ΔЄ N̄N̄PЄϤMЄЄYЄ...**); (**17**, *20*) **ПPΩMЄ ЄT9APПONAϤ...** (= S **OYNOYPΩMЄ N̄PЄϤПOONЄϤ...**, A **OYNOYPΩMЄ N̄PЄϤПAANЄϤ...**). Au négatif : **MA⸗**, **MAPЄ-**, comme A.

4. *Futur I* : présent I, + **NA-**, comme en S, ou **A-**; **NA-** est habituel, **A-** sporadique, exemple unique (**19**, *25*) **ЄⲖϢAϪПIЄOYPΩMЄ N̄CABЄ ϤAP̄NOÏ** (peut-être faut-il corriger en **N̄CABЄ ⟨Є⟩ϤAP̄NOÏ**); cfr *infra*, futur II.

5. *Futur II* : comme S et A^2 aux formes pronominales et nominales. Dans les phrases de but (après **ϪЄⲖAC**, ou **ϪЄ-**) : une première série nettement S A^2, **ЄЄINA-** (**8**, *6*, *21*), **ЄⲖNA-** (**3**, *23*, **4**, *5*), **ЄTЄTNA-** (**8**, *33*, **9**, *6* trois fois), **ЄYNA-** (**3**, *2*), **ЄPЄ... NA-** (**3**, *10*); une seconde série, **ϪЄⲖA-** (**5**, *2*, **19**, *20*), **ϪЄϤA-** (**6**, *30*) et **ЄTЄϤA-** (**6**, *29*), **ϪЄCA-** (**3**, *6*, **6**, *24*, **7**, *5*), **ЄPA- ... A-** (**3**, *22*, **4**, *10*, **8**, *1*, **15**, *29*, **16**, *1*). Cette seconde série pose la question de savoir si on a affaire à un futur III (cfr A^2 ?), ou à un futur II en **A-**. Pour répondre à cette question, il faut tenir compte du fait que le futur I présente 1 cas en **A**, que P use certainement du futur II 10 fois dans la phrase de but, et que A (éd. Böhlig) a le futur II pour toute cette série. Sur ce problème du futur en **A-**, voir P. Kahle [2], qui en a longuement discuté.

6. *Futur III* : au positif, on ne relève que la série des 12 cas, cités à propos du futur II, comme formes *possibles* de futur III. Au négatif : **Є)NЄ-**, **N⸗**, comme A^2 (S. Jean, de Thompson); on constate que ce futur négatif est toujours écrit avec **N**, et jamais avec ⁻.

[1] Vu que P a partout comme 3e pers. plur. **CЄ-**, le cas *unique* **COYCOYTOONT** (**16**, *25*) est à prendre, soit pour un lapsus et à amender : **CЄCOYTOONT**, soit pour une dittographie {**COY**}**COYTOONT**.

[2] Cfr Kahle, p. 152, § 129 : Omission of **N** in the second futur.

7. *Conditionnel* : cette forme est hybride; le pronom est S, mais la particule **ϢA-** est A (**ЄϤϢA-**)[1]. Au nominal, on a **ЄϢA-** (S **P̄ϢAN-**, A **AϢA-**). Le négatif n'est pas attesté en P.

8. *Optatif* : au pronominal, la forme lui est commune avec S A A²; au nominal, P use d'une forme inconnue jusqu'ici : **MATЄ-** (**3**, *1*; **4**, *4*, *24*, *25*; **5**, *17*, *18*, *19*; **17**, *17*).

9. *Pseudo-finalis* : a la forme avec **N** (**N̄TAPЄ-**)[2].

10. *Temporel* : comme A (**N̄TAPЄ-**), ce qui le rend matériellement identique au pseudo-finalis. Au négatif, comme S A (**M̄ΠATЄ-**, **M̄ΠAT⸗**).

11. *Imparfait* : conforme à S.

12. *Parfait I* : au positif[3], comme S A; toutefois à la 1e pers. sing. on trouve deux fois (**7**, *15*, *16*) la curieuse forme **ϨI-**, alternant avec la forme normale **AÏ-**; faut-il y voir un lapsus du scribe, ou bien une variante du préfixe verbal **ϨA-** à la 1e personne ?[4] Au négatif, comme S A A².

13. *Parfait relatif* : avec sujets différents : **ЄTAÏ-** (**9**, *5*), **ЄTAϪ-** (**6**, *17*) **ЄTAC-** (**7**, *26*); avec même sujet **ЄTAϨ-** (11 fois)[5].

14. *Impératif* : au positif, **ЄPI**, A A² (**3**, *7*), **MA-** avec les verbes causatifs, et **AMOY**, **AMHIN** S; peut-être **ϢOϪ** (**6**, *6*). Au négatif, la forme est partout **MN̄-** (Crum 170*b*), préfixe qui joue le même rôle que **M̄ΠP̄-** en S A A²; renforcé par l'infinitif causatif, il devient **MN̄TЄ-**.

15. *Infinitif causatif* : P est conforme à A, c'est-à-dire à la forme **TЄ-**, sauf une fois où le sahidique est resté sous le calame du scribe : **MN̄N̄CATPϤ-** (**20**, *25*).

16. *Conjonctif* : a les formes de S au positif; on peut constater que les formes monosyllabiques **NϪ̄-**, **NC̄-**, **NϤ̄-**, sont toujours écrites **⁺Ϫ̄-**, **⁺Ϥ̄-**, **⁺C̄-** (ou **⁻Ϫ̄-**, etc.), ce qui permet de les distinguer immédiatement du futur III négatif. Au négatif, **TM̄-** est ajouté comme en S. Le conjonctif sert souvent d'impératif.

17. *Impersonnels* : **OYN̄-** et nég. **MN̄-** ne présentent rien de spécial, sauf à la 1e personne **OYN̄THI**, F B (**OYN̄-N̄THI**), comme **NHI** et **NM̄MHI**; le reste est S.

[1] Cfr Kahle, p. 171, § 149 : «sometimes in certain early S manuscripts».

[2] Cfr Steindorff, *Grammatik*, § 352 : «Die Präfixe mit **N** sind nicht eine ältere, sondern eine jüngere sekundäre Bildung.»

[3] Cfr le tableau de Kahle, p. 173.

[4] Cfr Kahle, p. 171, § 150 : The verbal prefix **ϨA-**.

[5] Cfr Kahle, p. 175, § 150A : The verbal prefix **ЄTAϨ-**. Dans les autres relatives, on trouve un peu pêle-mêle : **Є-**, **N̄-**, **ЄT-**, **ЄTЄ-**, **ЄTЄPЄ-**, là où S suit des règles bien déterminées.

H. *Conjonctions et particules*

ΑΥΩ, ΜΝ̄-, ϪЄ-, ϪЄⲖΑ(Α)C(Є), comme en S; ϭЄ est toujours écrit Ⲕ (compendium grec = ΚΑΙ, ΚЄ), de même Ν̄Ⲕ (= Ν̄ϭЄ A). Particulièrement suggestif est l'emploi des conjonctions et particules empruntées au grec : P use de 16 de ces éléments, qui sont exactement *les seuls* est *les mêmes* dont S (éd. WORRELL) se sert. Il y a en ce fait plus qu'une simple coïncidence, semble-t-il, puisque tout le vocabulaire grec de P est exactement celui de S, sauf δόλος et ἐτάζειν en plus.

VOCABULAIRE

Le vocabulaire de P se singularise aussi par ses mots nouveaux et ses formes insolites. Signalons d'abord qu'on constate ici la même fantaisie du scribe que dans son orthographe; il passe, sans raison apparente, d'un synonyme a l'autre : de ΒΩΚ à ϢЄ, d'ЄΒΑΝ à ϭΩΝΤ̄, de Ν̄ϨΟΥΟЄΙΤ à Ν̄ϨΟΥΟ, de ϨΙΑ à ΛΑΑΥ, de ϨΟΤЄ à ϨΡ̄ΤЄ, de ϭЄΠΗ à ΪΩC, etc. Comme apport de mots inconnus jusqu'ici, relevons : ΘΟΥΡЄ (correspondant à ЄϨΟΥЄ S), ΜЄϧΗΛ (traduisant ἰᾶσθαι), ΝΑΡΟ (correspondant à ΝΑΥ S « voir »), ⁺ΚΤΟΚ (traduisant ἄωρος), ϨЄΛΑΚ (traduisant φυλάσσεσθαι), ϨΗΡ (suivi de la négation ? rendant ἐξαπίνης). Certains termes, sans être nouveaux, présentent une forme voisine de celle de A, mais avec une vocalisation différente : ΑΪΗΪΤЄ, ΑϢΗΪΤЄ, ΟΥϪΗΪΤЄ. Le scribe a une préférence marquée pour les qualitatifs du type A, mais avec le vocalisme Ο- du sahidique : ΤΑΪΟЄΙΤ, ΤΑϪΡΟЄΙΤ, ΤΟΥϪΟЄΙΤ, ΚЄΛΟЄΙΤ, etc. D'ailleurs, la tendance de P à substituer Ο- de S à Α- de A dans la syllabe accentuée, est générale : ΑΒΟΛ, ΑΡΟϤ, ΝΟΒЄ, ϨΜΟΤ, etc.; aussi, dans une large part, le vocabulaire de P a un aspect S plutôt que A. Ajoutons que des mots comme ΪΩC, ΜΗΙ, CΗЄΙΝ, ΝΗΙ, ΝΜ̄ΜΗΙ sont nettement du type F, le compendium Κ̄Ῡ, ainsi que Θ̄Ῡ, du type B, et plus d'une autre forme du type A[2].

LE « DIALECTE » DE P

Parler de dialecte à propos de P supposerait qu'on puisse reconnaître à sa langue unité et homogénéité. Or, nous sommes loin de compte. Le vocalisme, la généralité des formes verbales et une partie du vocabulaire rappellent le sahidique; d'autres aspects du vocalisme, le consonantisme, certaines formes verbales et une autre partie du vocabulaire sont de type akhmîmique; il y a des faits qui ressortissent au fayoumique; enfin, P est témoin d'un archaïsme certain (**Ⲣ̄ⲘⲈⲦ**, **Ⲣ̄ⲘⲈϤ**, etc.) et fait usage, au nominal, d'un préfixe verbal (**ⲘⲀⲦⲈ-**) qu'on ne rencontre dans aucun dialecte connu. On hésitera à faire de P le représentant, actuellement unique, d'un dialecte caractérisé jusqu'ici inconnu; constatons seulement qu'il mêle les dialectes connus. Le problème de la langue de P se complique encore du fait que les éléments qui devraient servir à la déterminer sont livrés dans une orthographe aventureuse, et par un scribe qui n'avait rien d'un professionnel de scriptorium. Et encore, nous ignorons en quelle mesure ce scribe est responsable du texte qu'il a écrit, et des antécédents textuels de son modèle; les circonstances de temps et de lieu dans lesquelles il travaillait nous restent obscures; nous ne pouvons non plus identifier avec certitude le milieu auquel il appartenait et au service duquel, peut-être, il établissait cette copie incomplète des Proverbes; son alphabet, enfin, encore qu'il offre des contacts avec le démotique, déconcerte par son originalité. Le problème de la langue de P, et bien des questions connexes, reste ouvert. Qu'il nous suffise d'avoir relevé, en les sériant, les faits que tout essai de solution devra tenter de concilier.

Le texte de P

Une comparaison rapide de P avec le texte S (éd. Worrell), le texte A (éd. Boehlig) et le texte B (éd. Burmester et Dévaud), nous montre qu'il se rattache nettement à la famille des versions du type sahidique. Quand S et A divergent, P est d'accord tantôt avec l'un, tantôt avec l'autre, mais il fournit aussi plusieurs variantes propres. Les unes ne sont peut-être que des homéoteleutes, des confusions phonétiques, ou la lecture erronnée d'un original mal compris. D'autres ont cependant plus d'importance; ce sont, par exemple, **1**, *3* et *15*, **13**, *17*, où P suit le grec, contrairement à SA; **1**, *16*, où la variante de P est attestée par un témoin grec; **1**, *25*, où l'expression de P (**ϯϩⲦⲎⲦⲚ̄**) est celle de B, contrairement à SA; surtout **14**, *22*, **15**, *33*, **16**, *15*, **20**, *27*, où, par d'importantes omissions ou interversions de sentences, P atteste une forme de texte très particulière, et qui pourraît être autre chose qu'une négligence de scribe. Enfin, les dimensions elles-mêmes de ce Livre des Proverbes, s'arrêtant à la fin de **21**, *4* premier stique, au sommet d'une page blanche, sont dignes d'intérêt; elles ne sont pas attestées par d'autres témoins que P.

Ce texte, on le voit, soulève quantité de problèmes de tous ordres. Le seul but de cette publication étant de présenter les faits, nous ne pouvions qu'en esquisser l'interprétation. Coptisants et biblistes, tous les spécialistes auxquels le Papyrus Bodmer VI apporte quelque élément nouveau, pourront en pousser l'analyse plus à fond, et produiront sans doute des arguments plus solidement étayés que les nôtres. Nous serions heureux que les observations de notre introduction leur soient de quelque utilité dans leurs recherches.

Pour donner de P une image aussi exacte que possible, notre édition le reproduit page par page et ligne par ligne. Les seules modifications apportées à la configuration de l'original sont la coupure des mots, et, naturellement, la division du texte en chapitres et en versets, d'après la Septante. Fréquemment, la barre de diérèse est placée par le scribe de façon à couvrir la fin de la première lettre et le commencement de la seconde; en ces cas, nous l'avons placée sur le seconde lettre, ce qui est, le plus souvent, conforme aux règles orthographiques. Là où les caractères ne subsistaient plus que partiellement, nous n'avons noté la barre que lorsqu'elle était visible.

Les pages que reproduisent les planches sont témoin des lettres particulières au Papyrus Bodmer VI et des principaux procédés du scribe.

Page K (*infra,* p. 18). *Proverbes* IV, 5-6, 8-11

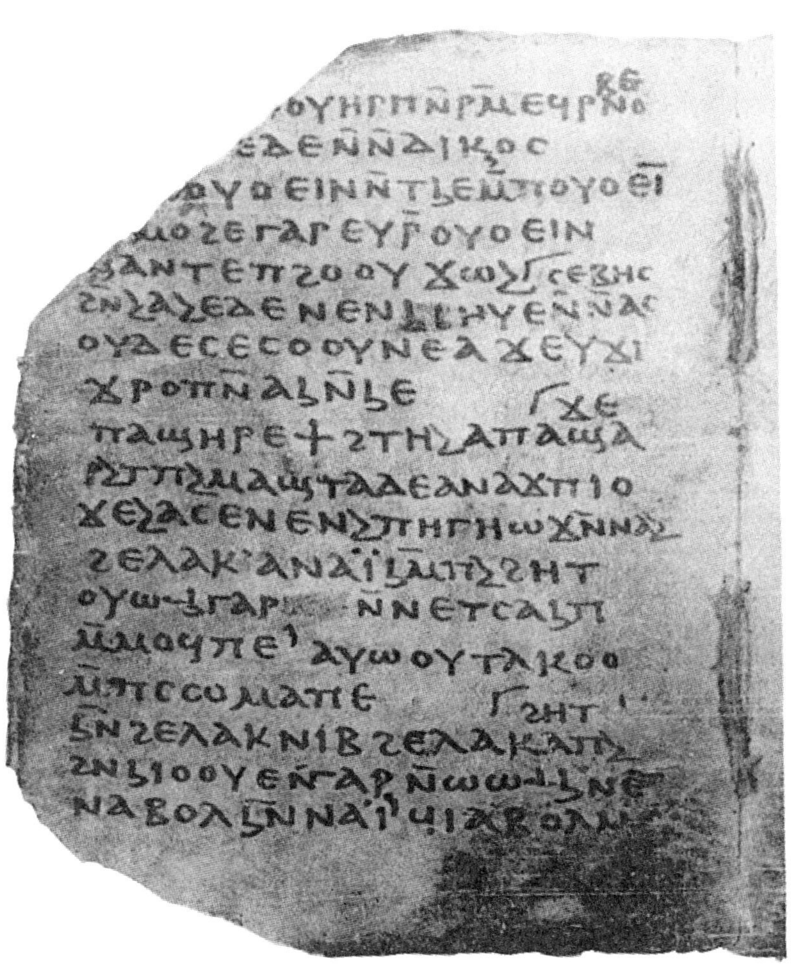

Page KB (*infra*, p. 20). *Proverbes* IV, 18-24.

[Ā]

1, *1*. ΜΠΑ⌞ΡΟ⌟[ΙΜΙΑ Ν̄ϹΟΛΟΜΩΝ].
ΠϢΗΡЄ ⌞Δ⌟[Α]⌞ΥΙ⌟[Δ]
ΠЄΤΑϨΡ̄ΡΟ ЬΜΠΙ⌞Ϲ⌟[ΡΑΗΛ]
2. ΑЄΙΜЄ ΑΤϹΟΦΙΑ ⌞Μ⌟[Ν̄ΤϹΒΩ]
ΑΡΝΟЄΙ Ν̄ΝϢΑϪЄ Ν̄⌞ΟΥ⌟[ΜΝ̄Τ]
ΡΜ̄Ν̄ϨΗΤ' *3*. ΑϪΙ Μ̄Π⅄ΤΟ ⌞Ν⌟[ϨΝ̄]
ϢΑϪЄ' ΑΡΝΟЄΙ Ν̄ΟΥΔΙ⌞Ꝁ⌟
ΟϹΥΝΗ Μ̄ΜΗЄΙ'
ΑΥΩ ΑϹΟΥΤΝ̄ΟΥ⌞ϨΑΠ⌟' *4*. ⌞Α†⌟[Ν̄ΟΥ]
Μ̄Ν̄ΤΡΜ̄Ν̄ϨΗΤ Ν̄Ν̄[ΒΑΛϨΗΤ Ν̄]
ΟΥΑϹΘΗϹЄΙϹ ΜΝ̄[ΟΥΜЄΥЄ]
ΝΟΥϢΗΡЄ Ⳉ⌞Η⌟[Μ' *5*. Π]⌞ϹΟΦΟ⌟[Ϲ ΓΑΡ]
ЄΤΝΑϹΩΤΜ Α[ΝΑΪ]
{Ϥ}ΝΑΡϨΟΥЄ'ϹΟ⌞ΦΟϹ⌟ //ϨΜ[ΜЄ]
ΠΡΜΝ̄ϨΗΤ ΔЄ ΝΑΤⳈΠΟ ΝΑϤ Ν̄ΟΥ[Ρ̄]
6. ϤΝΑΡΝΟЄΙ ΝΟΥΠΑΡΑΒΟΛΗ
ΜΝ̄ΟΥϢΑϪЄ' ЄϤϨΗΠ'

[Ā] La pagination a disparu avec la marge. — *1*. ΜΠΑΡ⌞Ϩ[ΟΙ- est possible. — *2*. ⌞Δ[Α-, le Α est plus probable que Ν. — *3*. Lire Ρ̄⟨Ρ̄⟩ΡΟ. — *12*. ΓΑΡ possible. — *14*. {Ϥ} semble gratté.

⟨Β̄⟩ //[ΓΜΑ]

[Ν̄ϢΑϪΕ Ν̄Ν̄CΟΦΟC ΜΝ̄]⌞ϨΝΕΝ⌟[Ι]

7. [ΤΑΡΧΗ Ν̄ΤCΟΦΙΑΤ]⌞Ε⌟ ΤΘΡΤΕ

[Μ̄ΠΝΟΥΤ]⌞Ε⌟' ΝΑΝΝΟΥΤΜ̄Ν̄Τ̄

[ΡΜ̄Ν̄ϨΗΤ] ΔΕ Ν̄ΟΥΟΝ ΝΙΒ {ΕΤ}

[ΕΤΝΑ]Α⌞Ϊ⌟ΤC' ΤΑΡΧΗ Ν̄ΤΑC

[ΘΗC]⌞Ε⌟ΙCΤΕ ΤΜ̄Ν̄ΤΜΕΕΙΝΟΥΤΕ'

[Ν̄ΑC]⌞Ε⌟ΒΗC ΔΕ ΝΑ9ΩCϤ Ν̄

[ΤCΟ]⌞ΦΙΑ⌟ ΜΝ̄ΤCΒΩ' *8.* CΩΤΝ

[ΠΑϢΗΡΕ] ΑΤCΒΩ Μ̄ΠΣ̄ΪΩΤ'

[ΜΝ̄ΣΩ Ν̄CΩΣ] Ν̄Ν̄ΑΝCΜ̄ΜΝΕ̄

[Ν̄ΤΣΜΑΑΥ' *9.* ΣΝ]⌞Α⌟ϪΙ ΓΑΡ Ν̄ΟΥ

⌞ΣΛΟ⌟[Μ Ν̄ϨΜΟ]Τ ΑϪΝΤΣ̄ΑΠΕ'

ΜΝΟΥ[ΣΛ]⌞ΑΛ⌟ ΝΝΟΥΒ ΑЬΗΤΣ'

10. ΠΑ⌞ϢΗ⌟ΡΕ ΜΝΤΕϨΝΡΜ̄ΕΥΡ̄

⌞Ν⌟ΟΒΕ' ΡΠΛΑΝΑ Μ̄ΜΟΣ' ΟΥΔΕ

[ΜΝ̄]ΟΥΩ9 ΕΥϢΑCΠCΩΠΣ'

⟨Β̄⟩ toutes les paginations entre crochets ⟨ ⟩ sont de nous; le scribe n'a paginé que la première page de chaque cahier. — *4.* {ΕΤ} gratté. — *5.* **Ϊ** presque certain, **Υ** peu probable. — *8.* **CΩΤΝ**, qui se répète *infra* **2**, *1*, est un lapsus pour **CΩΤΜ̄**; confusion de **Μ** et **Ν**.

⟨Γ̄⟩
[Є]⸤Υ⸥⸤Ϫ⸥⸤Ω⸥ [М̄ΜΟϤ *11.* ϪЄΑΜΟΥ ⁺ΣΡ̄]
ΚΟΙΝΩΝΙ Α⸤Υ⸥[ⳈΩΤΒ ΝМ̄ΜΑΝ]
Ν̄ΤΝϨΩΠ Ν̄Ο⸤ΥΡΩΜЄ⸥ [Ν̄ΔΙⲔΟϹ]
ⳈΜ̄ΠΣΑϨ ⳈΝ̄ΟΥϪΙΓΚ⸤Ο⸥[ΟΝϹ̄]
12. Ν̄ΤΝ̄ΩΜ̄Σ̄ ΜΜΟϤ ЄϤΟ[⁺Ⳉ Ν̄]
ΤⳈЄ' Ν̄ΝЄΜΝ̄ΤЄ // ΑΒΟΛ [ⳈΜ̄ΠΣΑϨ]
Ν̄ΤΝ̄ϤΙ Μ̄ΠϤΡΠΜЄΥЄ *13.* Ν̄Τ[Ν̄]
ΤϬΠΟ ΝΑΝ Ν̄ΝϤ̄ϨΝΑΥ Є[ΤΝΑ]
ϢΩΟΥ' Ν̄ΤΜ̄ΜΑϨΝ̄[Ν̄ΗΗΥ Ν̄ϬΩΛ]
14. ⁺ΣΒΩΣ Μ̄ΠΚΚΛΗ⸤Ρ⸥[ΟϹ ΝМ̄ΜΑΝ]
Ν̄ΤЄΥΤΩΜЄ ⸤Ν⸥[ΟΥΩΤ ϬΩΠЄ]
ΝΑΝ' *15.* ΜΝ̄ϢЄⲔ [ϨЄΤЄⳈΙΗ ΝМ̄ΜΑΥ]
Ρ⁺ΣΤΣΟΥΡΗΤЄ Α⸤Β⸥[ΟΛ Ν̄ⳈΗΤΟΥ]
17. Ν̄ЄΡЄΥΠΡϬϢΝЄ ΓΑΡ ⸤Α⸥ ⸤ΑΒΟ⸥[Λ]
ΑΝϨΑΛΑΤЄ' *18.* Ν̄ΤΟΟΥ ΓΑΡ
ЄΥΜЄΤЄΧЄ ΑϨΝϹΝΟϤ
ЄΥϹΩΟΥϨ Ν̄ϨΜ̄ΠЄΘΟΟΥ [ΝΑΥ]

1. **[М̄ΜΟϤ]** cfr **4**, *4*; **3**, *28*; **7**, *4*, *13*, etc. — *2.* **ΝМ̄ΜΑΝ** comme en B. — *6.* **ΑΒΟΛ** ajouté de 1re main pour compléter non pas la ligne suivante, mais le verset; **ΑΒΟΛ** doit venir après **-ΠΜЄΥЄ**. Quant à **[ϨΙϪΜ̄ΠΚΑϨ]** de S A, il paraît bien long pour la place disponible. — *10.* **-ΒΩΣ**, cfr *infra* **6**, *9* : **ΒΗΣ**; **18**, *22a* (*bis*) : **ΒΣ-**; = S **ΝΟΥϪЄ**, A **ΤΩΚЄ**. — *13.* **Ν̄ⳈΗΤΟΥ]** ? **Ν̄ΝΟΥⳈΙΟΟΥЄ** de A S B est trop long. — *14.* Le verset *16* manque. — *15.* A ajoute **ϨΝ̄ΟΥϪΙΝϬΑΝϹ̄**, S **ЄΠ [ΡΑ]**, gr. ἀδίκως, qui donnent un sens à la phrase. — *17.* **[ΝΑΥ ΑⳈΟΥΝ]** serait un peu long.

⟨Ⲇ̄⟩
[. . . . . Ⲛ]ⲞⲂⲈ
19. [ⲚⲀⲒⲚⲈ Ⲛ̄ⳈⲒⲞⲞⲨⲈ Ⲛ̄Ⲟ]⸤Ⲩ⸥ⲞⲚ ⲚⲒⲂ
[ⲈⲦⲢ̄ⲚⲞⲂ]⸤Ⲉ'⸥ Ⲡ9ⲞⲢ9Ⲣ Ⲙ̄ⲠⲢⲰⲘⲈ
[Ⲙ̄ⲠⲀⲢ]⸤Ⲁ⸥ⲚⲞⲘⲞⲤ ϨⲞⲞⲨ' ⲈⲨⲚⲀ
[ⲦⲈⲋ]Ⲟ ⲄⲀⲢ Ⲛ̄ⲦⲞⲨⲮⲨⲬⲎ
[ⳈⲚ̄]⸤Ⲧ⸥ⲞⲨⲘⲚⲦ9ⲀⲀϤⲦ'
20. [ⲤⲈⲤ]ⲘⲞⲨ ⲀⲦⲤⲞⲪⲒⲀ ⳈⲚ̄Ⲛ̄ⳈⲀⲒ̈Ⲣ'
[ⲞⲨⲚ̄ⲦⲤ̄ Ⲡ]⸤ⲀⲢ⸥ⲢⲎⲤⲒⲀ ϨⲈⲘⲠⲖⲀ
[ⲦⲈⲀ' *21.* ⲤⲈⲦ]ⲀϢⲈⲞⲈⲒϢ Ⲙ̄
[ⲘⲞⲤ ϨⲈϪⲚ̄Ⲛ̄Ⲥ]⸤Ⲟ⸥ⲂⲦ' 9ⲀⲢⲤ
[ϪⲞ˗Ϥ ⲈⲤⲦⲎⲋ] ⲚϨⲎⲦ ϨⲈϪⲚ̄
[Ⲙ̄ⲠⲨⲖⲎ Ⲛ̄]ⲘⲠⲞⲖⲒⲤ' *22.* ϪⲈⲨ
ⲞⲈⲒϢ ⲚⲒⲂ ⲈⲢⲈⲘⲂⲀⲖϨⲎⲦ
⸤Ⲕ⸥ⲞⲖⲀϪ Ⲛ̄ⲦⲆⲒⲔⲞⲤⲨⲚⲎ
[ⲤⲈ]⸤Ⲛ⸥ⲀϪⲒϢⲒⲠⲈ Ⲁ' ⲚⲀⲐⲎⲦ ⲆⲈ

1. Ligne difficile à restaurer; d'ailleurs, la page ne comptant plus que 15 lignes (au lieu de 16-17), on peut se demander si une première ligne n'a pas totalement disparu, avant celle qui finit par Ⲛ]ⲞⲂⲈ. — *10.* ϨⲈϪⲚ̄Ⲛ̄ⲋⲞϨ Ⲛ̄Ⲥ] S serait trop long. — *12.* ϪⲈⲨ *sic.* — *14.* ⸤Ⲕ⸥ⲞⲖⲀϪ, cfr ϬⲀⲖⲀϪ A; ϬⲞⲖⲀϪ S.

⟨Ē⟩
ΑΥΝΑ⸤Ρ⸥[ЄΠΙΘΥΜΙ ΑΠϢΩC]
Ν̄ΤΑΡΟ⸤Υ⸥[Ρ̄ΑCЄΒΗC]
ΑΥΜ̄CΤЄΤΑCΘΗ[CЄΙC]
23. ΑΥϥΩΠЄ’ ЄΥΚΗΠ Α[ϨΝ̄ϪΠΙΟ]
ЄCΤЄ ϯΝΑΤЄΥΟ ΝΗ[ΤΝ̄]
Μ̄ΠϢΑϪЄ Ν̄ΤΑΠΝΟΗ’
ϯΝΑΤCЄΒΩΤΝ ΔЄ ΑΝΑ⸤Ϣ⸥[ΑϪЄ]
24. ЄΠΙΔΗ ΑΪΜΟΥΤЄ ΑΡΩΤ̄Ν̄
Μ̄ΠЄΤΝCΩΤΜ’ ΑΡΟЄΙ’
ΑΪΠΡϥΝ̄ΑϢΑϪЄ ΑΒΟΛ
Μ̄ΠЄΤΝϯϨΤΗ[Τ]Ν Α⸤Ρ⸥ΟΟΥ’
25. ΑΛΛ’ ΑΤЄΤΝ⸤Τ⸥[C̄ΤΟ] ⸤Α⸥[ΒΟ]⸤Λ⸥
Ν̄ΝΑϢΟϪΝЄ’ ⸤Є⸥[ΤЄ]⸤Τ̄⸥Ν̄[ϯ]⸤Ϩ⸥
ΤΗΤ̄Ν̄ Α ΝΑϪΠΙΩ’ *26*. Ν̄ΤΒЄΠΑΙ⸤Κ⸥
ϨΩΤ ϯΝΑCΩΒЄ Ν̄CЄΠЄΤΝ
ΤЄϪΟ’ ϯΝΑΡΑϢЄ ΔЄ Μ̄ΜΩΤ⸤Ν⸥
ЄϢΑΠΤЄϪΟ {Ϩ}ЄΙ ΑϪΩΤΝ’

14. Lire ⟨Α⟩ΝΑϪΠΙΩ. — *17*. {Ϩ} plus ou moins effacé; cfr *infra* **1**, *27*.

⟨Ⲋ̄⟩

27. [ⲈϢⲀⲠϤⲦⲞⲢⲦⲢ̄ ⲦⲈϨⲈ]ⲦⲎⲚⲈ
[Ⲛ̄ⲞⲨⲤϤⲚⲀ Ⳉ]⸤ⲚⲞ⸥[ⲨⲤ]⸤Ϥ⸥Ⲛ̄Ⲁ̄ʼ
[Ⲛ̄ⲦⲈⲠϤⲞ]ⲢϤⲢʼ ⲈⲒ ⲀϪⲰⲦⲚ̄
[Ⲛ̄ⲦⳈⲈ] ⸤Ⲛ⸥ⲞⲨⳈⳈⲈⲦⲎⲨʼ
[Ⲓ̈ Ⲉ]⸤Ϣ⸥ⲀⲠⲦⲈƛⲞ ⲈⲒ ⲀϪⲰⲦⲚ̄
[ⲀⲨ]⸤Ⲱ⸥ Ⲛ̄ⲦⲈⲨⲐⲖⲒⲮⲒⲤ ⲦⲈϨⲈⲦⲎⲚⲈ
[Ⲙ]⸤Ⲛ⸥ⲞⲨⲦƛⲦⲞ ⲀⲢⲰⲦⲚ̄ʼ *28.* ⲤⲚⲀϤⲰ
[Ⲡ]⸤Ⲉ⸥ ⲄⲀⲢ Ⲛ̄ⲦⲈⲦⲚ̄ⲘⲞⲨⲦⲈ ⲀϨⲢⲎⲒ
⸤ⲞⲨⲂⲎ⸥Ⲓ̈ Ⲛ̄ⲦⲀⲦ̄Ⲙ̄ⲤⲰⲦⲘʼ ⲀⲢⲰⲦ̄ʼ
ⲚⲈⲦϨⲞⲞⲨ ⲚⲀϢⲒⲚⲈ Ⲛ̄ⲤⲰⲈⲒ
Ⲛ̄ⲤⲈⲦⲘⲔ⸤Ⲛ⸥Ⲧʼ
29. ⸤Ⲁ⸥Ⲩ⸤ⲘⲤⲦⲈ⸥[ⲦⲤ]⸤Ⲟ⸥ⲪⲒⲀ ⲄⲀⲢ
⸤ⲀⲨⲰ⸥ ⲘⲠⲞ⸤ⲨⲤ⸥ⲰⲦⲠʼ Ⲛ̄ⲀⲨ ⲚⲦ̄
Ⲙ̄Ⲛ̄ⲦⲘⲈⲈⲒⲚⲞⲨⲦⲈʼ // ϪⲚⲈʼ
30. Ⲙ̄ⲠⲞⲨⲰϤ ⲀϮϨⲦⲎⲨ ⲀⲚⲀϢⲞ
ⲀⲨⲖƛϢⲀⲈⲒ ⲆⲈ Ⲛ̄ⲤⲈⲚⲀϪⲠⲒⲞʼ
31. ⸤Ⲛ̄⸥ⲦⲂⲈⲠⲀⲒ̈Ⲕ ⲤⲈⲚⲀⲨⲰⲘ̄ Ⲛ̄

2. [Ⲛ̄ⲞⲨⲤϤⲚⲀ] cfr Ⲛ̄ⲞⲨϨⲞϮ ⳈⲈⲚⲞⲨϨⲞϮ B; ou [Ⲛ̄ⲦⲈⲨⲚⲞⲨ] ? — *6.* Ⲛ̄ⲦⲈⲨ- le Ⲛ̄ sur Ⲡ gratté. ⲦⲈϨⲈ- tréma gratté sur Ⲧ, 2ᵉ Ⲉ *sup. lin.*, ⲈϨ sur ⲎⲚ gratté. — *15.* Lire Ⲙ̄ⲠⲞⲨ⟨ⲞⲨ⟩ⲰϤ.

⟨Ζ̄⟩
ⲚⲔⲀⲢⲠ[ⲞⲤ ⲚⲦⲞⲨⳈⲒⲎ]
ⲤⲈⲚⲀⲤⲒ ⸤Ⲛ⸥ⲦⲞⲨ[Ⲙ̄ⲚⲦ9ⲀϤⲦ]
32. ⲈⲦⲂⲈϢⲀⲨϪⲒ Ⲛ̄ϨⲚ̄Ⲕ[ⲞⲨⲒ Ⲛ̄]
ⲔⲞⲚⲤ᾽ ⲤⲈⲚⲀⳈⲞⲦⲦⲂ⸤Ⲟ⸥[Ⲩ]
ⲤⲈⲚⲀⲦⲈⲖ̱Ⲟ Ⲛ̄ⲔⲚⲀⲤⲈⲂ[ⲎⲤ]
33. ⲠⲈⲦⲤⲰⲦⲘ̄ Ⲛ̄ⲦⲞϤ ⲀⲢⲞⲒ̈ Ⲛ[ⲀⲘ̄]
ⲦⲞⲚ Ⲙ̄ⲘⲞϤ ⳈⲚ̄ⲞⲨⲒⲢⲎⲚⲎ᾽
ⲈⲤⲦⲀⲦϪⲢⲞⲈⲒⲦ᾽ ϤⲚⲀⲔⲰ Ⲁ
ϪⲚ̄ϨⲢ̄ⲦⲈ ⲀⲂⲞⲖ ⳈⲘ̄ⲠⲈⲐⲞⲞⲨ ⲚⲒⲂ
2, *1.* ⲠⲀϢⲎⲢⲈ ⲈⲖ̱ϢⲀϪⲒ Ⲙ̄ⲠϢⲀϪⲈ
Ⲛ̄ⲦⲀⲈⲚⲦⲞⲖⲎ ⲈⲖ̱ϨⲞⲠϤ ⳈⲀϨ
ⲦⲎⲖ̱᾽ *2.* ⲠⲖ̱ⲘⲀϢ[ⲦⲀ] ⸤ⲄⲀⲢ⸥ ⲚⲀⲤⲰⲦⲚ
Ⲛ̄ⲤⲈⲦⲤⲞⲪⲒⲀ᾽ Ⲗ̱ⲚⲀϮ Ⲙ̄ⲠⲖ̱
ϨⲎⲦ᾽ ⲀⲨⲘ̄ⲚⲦ̄ⲤⲀⲂⲈ᾽
ϮⲖ̱ⲦⲀⲒ̈Ⲥ ⲆⲈ Ⲙ̄ⲠⲖ̱ϢⲎⲢⲈ ⲚⲤ̄ⲂⲰ᾽
3. Ⲉ9ⲰⲠⲈ ⲄⲀⲢ ⲈⲖ̱ϢⲀⲘⲞⲨⲦⲈ
ⲞⲨⲂⲈⲦⲤⲞⲪⲒⲀ᾽ ϮⲖ̱ⲘⲞⲨⲦⲈ

3. **ⲈⲦⲂⲈϢⲀⲨϪⲒ**, lire avec S **ⲈⲦⲂⲈϪⲈⲀⲨϪⲒ**. — *12.* **⸤ⲄⲀⲢ⸥** *sup. lin.;* lapsus. **ⲤⲰⲦⲚ** *sic*, lapsus pour **ⲤⲰⲦⲘ̄**; id., *infra* **2**, *9*.

⟨Η̄⟩

[ΔЄ ЄΤΑϹΘΗϹΙϹ ⳉ]˻Ν˼ΟΥΝΑΚ

[Ν̄ϹΜΗ ⁺ϫϢΙΝЄ Δ]˻Є˼ ΝϹ˻Ω˼Ϲ ΤⳉЄ Ν̄ΟΥ

[ЄϨΟ *4.* ⁺ϫⳉΟ]ΤⳉΤ Ν̄ϹΩϹ ⳉΝ̄ΟΥΟΥΡΟΤ'

5. [ϫΝΑΡ]ΝΟΪ ΝΤΜ̄ΝΤ̄ΜЄЄΙΝΟΥΤЄ'

[⁺ϫΚΙ]˻Ν˼Є Ν̄ΤΑϹΘΗϹΙϹ ЄΤΟΥΑΑΒ'

6. [ΠΝ]˻Ο˼ΥΤЄ ΓΑΡ ΝΑϯ ΝΑϫ Ν̄

˻Τ˼ϹΟΦΙΑ ΑΒΟΛ ⳉΝ̄ΡΩϤ'

ΜΝ̄ΟΥΑϹΘΗϹЄΙϹ ΜΝ̄ΟΥΜ

ΜΝΤΡΜ̄ϨΗΤ' *7.* ϢΑΡϤϹΟΥϨΟΥ

ΒΟΗΘΙΑ ⳉΟΥΝ ΝΝ̄ΔΙΚΑΙΟϹ

ЄϤΡ̄ΝΑϢΤЄ ΑΝΟΥⳉΪΟΟΥЄ

8. ЄϤϨЄΛΑΚ Α˻Ρ˼Ο˻ΟΥ˼ ˻ϨЄΝ̄ⳉ˼ΙΟΟΥЄ Ν̄ΤΜΗΙ'

ϢΑΡϤϯϨΤΗϤ ϨΩϤ ΑΝⳉΙΟΟΥЄ

Ν̄ΑΘΗΤ' *9.* ΤΑΪΚ̄ΤЄ ΤⳉЄ Ν̄

ϨΟΥΟ ЄΤЄϫΝΑΡ̄ΝΟЄΙ

Ν̄ΤΔΙΚ̄ΟϹΥΝΗ ΜΝ̄ΤΜΗΪ'

Manque un folio (p. Θ̄-Ῑ)

3. [ЄϨΟ] cfr A S. — *4.* [ΤΟΤЄ ϫΝΑΡ̄] possible, quoique un peu long. — *9.* -ϹΟΥϨΟΥ, le Ϩ *sup. lin.*; lire ϹЄΥϨΟΥ ? — *10.* Lire ⟨Α⟩ⳉΟΥΝ (haplogr.) — *12.* ΑΡΟΟΥ *sup. lin.* ϨЄΝ̄ⳉΙΟ- récrit sur ΤΟ ... Η grattés. — *14.* Ν̄ΑΘΗΤ, lapsus pour Ν̄Ν̄ΝΑΗΤ, cfr A S.

⟨ⲓ̄ⲁ̄⟩

20. [. . . .] ⲛⲉⲣⲁ⸤ⲩ[. . . . . . . ϩⲉⲛ̄] ⳉⲓⲟⲟⲩⲉ ⲉⲧⲛⲁⲛⲟⲩ[ⲟⲩ] ⲛⲉⲩⲛⲁⲕⲛ̄⸗ⳉⲓⲏⲟⲩⲉ ⲛ̄[ⲛ̄] ⲇⲓⲕ̣ⲟⲥ ⲉⲩⲗⲕⲗⲟⲕⲧ’ *21.* ⲛⲉ[ⲧ] ⲛⲁⲛⲟⲩⲟⲩ ⲛⲁⲩⲱϩ ϩⲉϫⲙ̄ⲡϭⲁ⸤ϩ⸥ ⲙ̄ⲃⲁⲗϩⲏⲧ ⲇⲉ ⲛⲁϣⲱϫⲡ ϩⲉϫⲱϥ ⲛⲉⲧⲥⲟⲩⲧⲱⲛ ⲛⲁⲩⲱϩ ϩⲉϫⲙⲡϭⲁϩ ⲛⲧⲉⲛⲉⲧⲟⲩⲁⲁⲃ ϣⲱϫⲡ ϩⲉϫⲱϥ *22.* ⲥⲉⲛⲁⲱϫⲛ̄ ⲛ̄ⲧⲟⲟⲩ ⲛ̄ⲕ̣ⲛⲁⲥⲉ ⲃⲏⲥ ϩⲉϫⲙ̄ⲡϭⲁϩ’ ⲥⲉⲛⲁϥⲱⲧ ⲁⲃⲟⲗ ⲛ̄ⲙ̄ⲡⲁⲣⲁⲛⲟⲙⲟⲥ ϩⲉϫⲙ̄ ⲡϭⲁϩ’ 3, *1.* ⲡⲁϣⲏⲣⲉ ⲙⲛ̄ⲛ̄ⲣ̄ ⲡⲱⲃϣ ⲛ̄ⲛⲁⲁⲛⲥⲙⲛⲉ’ ⲙⲁⲧ ⲧⲉⲡϭϩⲏⲧ ϩⲉⲗⲁⲕ’ ⲁⲛⲁϣⲁϫⲉ *2.* ϭⲁⲥ ⲉⲩⲛⲁⲩⲱϩ ⲁⲣⲟϭ ⲛ̄ⲛⲟⲩ ⲛⲁⲕ ⲛ̄ⲁϩⲉ ⲙⲛ̄ϩⲛ̄ⲣⲙⲡⲟ ⲟⲩⲉ ⲛ̄ⲛⲱ⸗ⳉ ⲙⲛ̄ⲟⲩⲓ̈ⲣⲏⲛⲏ

1. Vu la perte du folio précédent, la reconstruction est scabreuse. — *13-14.* ⲙⲁⲧⲧⲉ pour ⲙⲁⲣⲉ; cfr l’Introduction. — *15.* ⟨ϫⲉ⟩ϭⲁⲥ peut être une haplographie.

⟨ῙΒ̄⟩

3. [ΜΝ̄ΤΕΜ̄]⌞ΜΝ̄ΤΝΑ⌟ΑΕ ϪΑ⸆Ϫ
[ΜΝ̄ΤΠΙ]CΤΙC ΜΝ̄ΤΜΗΕΙ
[ΜΟΡΟ]Υ ΔΕ ΑⳉΗΤΤϪ Ν̄ΤⳉΕ Ν̄ΟΥΝΟΥΒ
[ΤϢ]ΠΟ ΔΕ ΝΑϪ Ν̄ΟΥϨΜΟΤ
4. ΜΝ̄ΟΥΜΕΥΕ ΕΝΑΝΟΥϤ
Μ̄ΠΜ̄ΤΟ ΑΒΟΛ Μ̄ΠϪΟΕΙC
ΜΝ̄Ν̄ΡΩΜΕ’ *5.* ϢΩΠΕ ΕϪ
ΝΑϨΤΕ ⳉΜ̄ΠϪϨΗΤ ΤΗΡϤ
ΑΠΝΟΥΤΕ’ ΜΝ̄ϪΙCΕ Μ̄
ΜΟϪ ΑϪΝ̄ΤϪCΟΦΙΑ
6. ΟΥΟΝϨC ΑΒΟΛ ϨΕΝϪⳉΙΟΟΥΕ
ΤΗΡΟΥ’ ϪΕϪΑC ΕCΑCΟΥΤΝ
ΝϪⳉΙΟΟΥΕ Ν̄ΤΕΤϪΟΥΡ
ΡΗΤΕ ΤΜ̄ϪΙϪΡΟΠ’ *7.* ΜΝ̄
ϢΩΠΕ Ν̄ΡΜ̄Ν̄ϨΗΤ ΝΑϪ ΟΥΑ
ΑΤϪ’ ΑΛΛ ΕΡΙϨΟΤΕ Ν̄ΤΟϤ
ϨΗΤϤ Μ̄ΠΝΟΥΤΕ

3. Ν̄ΤⳉΕ Ν̄ΟΥΝΟΥΒ ajouté en plus petits caractères par la 1re main; Ν̄ΟΥΝ ΟΥΒ en deux lignes dans la marge.

[ΙΓ̄] // [ΝΙΒ]

⁻ϫΡΑϫΤϫ ΑΒΟΛ ˻ΜΠ˼[ΕΘΟΟΥ]

8. ϫΑϹ ΕΥΝ̄ΟΥΤΛΚΟ ˻Ν˼[Α]

9ΩΠΕ Μ̄Πϫ̄ϹΩΜΑ

ΑΥΩ ΟΥϤΙΠΡΟΟΥϢ Ν̄Ν˻ϫ˼

ϫΕϫΕΕϹ' *9.* ΜΑΤΑΪΕ Μ̄ΘῩ

ΑΒΟΛ ⳉΝ̄Νϫ̄ⳉΙϹΕ Μ̄ΜΗΙ

⁻ϫϯ ΝΑϤ Ν̄ΝϨΟΥΕΙΤ Ν̄ΝΚ̄

ΚΑΡΠΟϹ Ν̄ΤΕΤΔΙΚΟϹΥΝΗ

10. ϪΕΕΡΕΝϫΤΑΜΙΟΝ ΝΑΜΟΥϨ

Ν̄ϹΟΥΟ ΝΤΕΝ̄ϫΪΟΜ ΜΟΥϨ Ν̄

ΗΡΠ' *11.* ΠΑϢΗΡΕ ΜΝ̄Ρ̄ϨΗΤ

9ΗΜ ⳉΝ̄ΤϹΒΩ Μ̄ΠϪΟΕΙϹ

ΟΥΔΕ ΜΝ̄ϢΩϹΜ̄' ΕΥϪΠΙ

Ο̄ Μ̄ΜΟϫ ΑΒΟΛ ϨΕΤΟΟΤϤ

12. 9ΑΡΕΠΝΟΥΤΕ ΓΑΡ ϯϹΒΩ

[ΙΓ̄] Première page du 2ᵉ cahier; la pagination a disparu avec la marge. — *5.* **Μ̄ΘῩ** comme **Μ̄ΠΝΟΥΤΕ**; même compendium **5**, *21*; **Κ̄Ῡ** en **16**, *11*. — *7-8* **Ν̄ΝΚ̄ ΚΑΡΠΟϹ** pour **Ν̄Νϫ̄ΚΑΡΠΟϹ**; ou **Ν̄ΝΚ ΚΑΡΠΟϹ** avec double **Κ**. — *8.* **Ν̄ΤΕΤ-**, lire **Ν̄ΤΕϫ-** ?, cfr A. — *10.* **ΝΤΕ-** le **Ν** *sup. lin.*

⟨ῙΔ̄⟩
[Μ̄ΠΕΤΕϤ]ΜΕΕΙ Μ̄ΜΟϤ
[9ΑΡϤ̄Ρ̄]⸤Μ⸥ΑϹΤΙΓΓΟΥ Ν̄ϢΗΡΕ
[ΝΙΒ] ⸤Ε⸥ΤΕϤΝΑϢΟΠΟΥ ΑΡΟϤ
[Ν̄Τ]ΟϤ ΓΑΡ ΕΤΝΑΜΟϪϨϪ
ΑΥΩ ⸗ϤΤΕϨΟϪ ΟΝ ΑΡΑΤϪ
13. ΝΕΕΕΙΑΤϤ Μ̄ΠΡΩΜΕ
ΕΤΑϨΚΙΝΕ Ν̄ΤϹΟΦΙΑ
ΜΜ̄ΠΡΩΜΕ ΕΤΑϨΚΙΝΕ
Ν̄ΤΜΝΤϹΑΒΕ
14. ϹΟΤΠ ΓΑΡ ΑΡϨΩΒ Ν̄ⳉΗΤϹ
Ν̄ϨΟΥΟΕΙΤ ΑΝΕϨΩΩΡ
Μ̄ΠΝΟΥΒ ΜΜ̄ΦΑΤ // ΜΗΙ
15. ϹΤΑΪΟΕΙΤ ΔΕ ΑΝΩΝΕ Μ̄
ΜΝ̄ϨΙΑ Μ̄ΠΕΘΟΟΥ ΝΑϯ
ΟΥΒΗϹ’ ϹΟΥΟΝϨ ΑΒΟΛ
Ν̄ΟΥΟΝ ΝΙΒ ΕΤⳉΗΝ ΑΡΟϹ
ϨΝΑΟΥ ΝΙΒ ΕΤΑΕΙΟΕΙΤ Μ̄

8. **ΜΜ̄ΠΡΩΜΕ** curieuse assimilation (?) de la préposition **ΜΝ̄-**; cfr l'Introduction. — *10.* Lire **⟨Ϲ⟩ϹΟΤΠ**, cfr A S. — *12.* Même cas de **ΜΜ̄-** pour **ΜΝ̄-**. — *14.* **ϨΙΑ** *sic*, cfr l'Introduction. — *17.* Lire **Ε⟨Τ⟩ΤΑΕΙΟΕΙΤ**.

⟨Ⲓ̄Ⲉ̄⟩

ⲠϢⲀ Ⲙ̄ⲘⲞⲤ Ⲁ' *16.* [ⲞⲨⲚⲀⲔ]
ⲄⲀⲢ Ⲛ̄ⲚⲀϨⲈ ⲘⲚ̄ϨⲚ̄⸤Ⲣ⸥[Ⲙ̄ⲠⲞⲞⲨⲈ]
ⲚⲚⲰᐩⳈ ⲈⲦⳈⲚ̄ⲦⲤⲞⲨⲚ[ⲀⲘ]
ⲞⲨⲈⲞⲞⲨ ⲘⲚ̄ⲞⲨⲘⲚⲦⲢⲘ
ⲘⲀⲞ' ⲈⲦⳈⲚ̄ⲦⲤⲔⲂⲒⲢ
16a. ⲈⲢⲈⲦⲆⲒⲔ̣ⲞⲤⲨⲚⲎ Ⲛ̄ⲚⲎⲨ
ⲀⲂⲞⲖ ⳈⲚ̄ⲢⲰⲤ' ⲤⲢ̄ⲪⲞⲢⲒ ⲆⲈ
Ⲙ̄ⲠⲚⲞⲘⲞⲤ ⲘⲚ̄ⲦⲘⲎⲒ̈ ϨⲈⲠⲤ
ⲖⲀⲤ' *17.* ϨⲚ̄ⳈⲒⲞⲞⲨⲈ ⲈⲚⲀⲚ
ⲚⲞⲨⲞⲨⲚⲈ ⲚⲤⳈⲒⲞⲞⲨⲈ
ⲈⲚⲚⲤⲘⲀ ⲘⲞϨⲈ ⲦⲎⲢⲞⲨ
ⳈⲚ̄ⲞⲨⲈⲒⲢⲎⲚⲎ
18. ⲞⲨϢⲎⲚ Ⲛ̄ⲚⲰᐩⳈⲦⲈ Ⲛ̄ⲞⲨⲞⲚ
ⲚⲒⲂ ⲈⲦϬⲰ ᐩϨⲦⲎⲨ ⲀⲢⲞⲤ
ⲀⲨⲰ ⲤⲦⲀϪⲢⲞⲈⲒⲦ Ⲛ̄ⲚⲈⲦ
ⲦⲀϪⲢⲞ Ⲙ̄ⲘⲞⲞⲨ ⲀϪⲰⲤ

11. -ⲘⲀ ⟨Ⲙ̄⟩ⲘⲞϨⲈ; sur la valeur de Ⲁ, voir l'Introduction. — *14.* Le ᐩ *sup. lin.* — *15.* Ⲛ̄ⲚⲈⲦ-, lire ⟨ⲀϪ⟩Ⲛ̄ⲚⲈⲦ-, cfr A S, et page suivante ligne 1.

⟨ΙΣ̄⟩
[Ν̄ΤⳉΕ Ν̄Ν]⸤Ε⸥ΤΤΑϪΡΟΕΙΤ' ΑϪΜ̄
[ΠϪΟΕΙ]C' *19.* ΑΠΝΟΥΤΕ' CΜΝ̄
[CΝ̄Τ]Ε Μ̄ΠΣΑϨ ⳉΝ̄ΤCΟΦΙΑ
[ΑϤ]CΟΒΤΕ ΔΕ Ν̄Μ̄ΠΗΥΕ
⸤ⳉ⸥ΝΤϤΜΝΤ'ΡΜ̄Ν̄ϨΗΤ
20. ΑΝΝΟΥΝ ΔΕ ΟΥΗΝ ⳉΝ̄ΟΥ
ΑCΘΗCΙC' ΑΝ̄ΣΛΟΛΕ
ϢΟΥΕΕΙΩΤΕ ΑⳉΡΗΙ
21. ΠΑϢΗΡΕ ΜΝ̄ΒΟΛΣ ΑΒΟΛ
ϨΕΛΑΚ ΑΠΑϢΟϪΝΕ ΜΜ̄
ΠΑΜΕΥΕ' *22.* ϪΕΕΡΑΤΣΨΥ
ΧΗ ΑΩΩ⁺ⳉ Ν̄ΤΕΥΧΑΡΙC
9ΩΠΕ ϨΕΠΣΜΟΥΤ' *22a* ΤΟΤΕ
ΟΥΝΟΥΤΛΚΚΟ' ΝΑ9ΩΠΕ
Ν̄ΝΣ̄CΑΡΞ ΜΝ̄ΟΥϤΙΠΡΟ
ΟΥϢ Ν̄ΝΣ̄ΣΕΣΕΕ⁺C
23. ϪΕΕΣΝΑΜΟϨΕ ΕΣΝΑϨΤΕ

10. ΜΜ̄- pour ΜΝ̄-, cfr *supra* 3, *13, 14.* — *12.* ⟨Ν⟩ΑΩΩ⁺ⳉ; sur Α = ΝΑ, voir l'Introduction.

⟨ĪZ̄⟩

ⳉN̄OYЄIPHNH N̄N⌞λ⌟[ⳉIOOYЄ]

THPOY

AYΩ TλOYPHTЄ NAϫI⌞ϫ⌟[POП A]

24. ЄλϢAϨMACT ΓAP λNAPϨ⌞O⌟[TЄ A]

ЄλϢA⊥λλOTЄ N̄TOϤ

λNAΩB9 ЄλMOOTN

25. NλP̄ϨOTЄ ϨHTC N̄NOYϨ

P̄TЄ' ЄCN̄NHY

OYAÏ N̄NACЄBHC ЄTNNHY

26. ПNOYTЄ ΓAP NA9ΩПЄ ϨЄN

NλⳉIOOYЄ THPOY // λIM

⊥ϤTAϫPЄTλOYPHTЄ ϫЄNλ̄

27. MN̄ΛOKK' ЄλЄIPЄ M̄ПЄT

TNANOYϤ M̄ПЄTP̄KPΩϨ

ЄYN̄TЄTKKIϫ APBOHΘI

28. MN̄ϫO⊥Ϥ ϫЄBΩλ ¯λλOTλ

N̄PACTЄ N̄TAϯ NAλ

4. ϨMACT, le T *sup. lin.* — *5.* ЄλϢA⊥λλOTЄ, cfr A AKϢAN̄KATЄ = S ЄKϢAN̄N̄KOTK. — *10.* ϨЄN, le N refait sur П. — *12.* OYPHTЄ, le TЄ sur un PH gratté.

⟨Ⲓ̄Ⲏ̄⟩ // ⲞⲨϤ
[ⲈⲨⲚ̄ⲔⲞ]⸤Ⲙ⸥ Ⲙ̄ⲘⲞƛ ⲀⲢⲠⲈⲦⲚⲀⲚ
[ƛⲤⲞⲞ]⸤Ⲩ⸥ⲚⲈ ⲄⲀⲢ Ⲁ̄ ϪⲈⲈⲢⲈⲢ
[ⲢⲀ]⸤Ⲥ⸥ⲦⲈ ϨⲰϤ ⲚⲀⲦЭⲠⲈⲞⲨ
29. ⸤Ⲙ⸥ⲚⲘⲈⲨⲈ ⲀⲠⲈⲐⲞⲞⲨ ⲀⲠⲔ
ЭⲂⲎⲢ ⲈⲦⲔⲈⲖⲞⲈⲒⲦ ⲀⲢⲞƛ
ⲈⲦƛⲰ Ⲛ̄ϨⲦⲎϤ ⲀⲢⲞƛ *30.* ⲘⲚ̄Ⲣ̄
ⲘⲈⲈⲒϪⲀϪⲈ {Ⲟ̄}Ⲛ̄ⲞⲨⲢⲰⲘⲈ
ⲀⲠϪⲈⲚϪⲎ’ ϪⲈƛⲀⲤ ⲈⲚϤ̄
Ⲣ̄ⲞⲨⲠⲈⲦⲐⲞⲞⲨ ⲚⲀƛ
31. ⲘⲚ̄ⲦЭⲠⲈⲨⲚⲞⲔⲚ̄Ⲕ̄ ⲚⲀƛ
Ⲛ̄Ⲛ̄ⲢⲰⲘⲈ ⲈⲦⲐⲞⲞⲨ
ⲞⲨⲆⲈ ⲘⲚ̄ƛⲰϨ ⲀⲚⲞⲨⳉⲒⲞⲞⲨⲈ
32. ⲞⲨⲀⲔⲀⲐⲀⲢⲦⲞⲤ ⲄⲀⲢⲠⲈ ⲠⲀ
ⲢⲀⲚⲞⲘⲒⲀ ⲚⲒⲂ Ⲙ̄ⲠⲘ̄ⲦⲞ Ⲁ
ⲂⲞⲖ Ⲙ̄ⲠⲚⲞⲨⲦⲈ’ ⲀⲨⲰ ⲘⲀϤ
ⲤⲰⲞⲨϨ ⲀⳉⲞⲨⲚ ⳉⲚ̄ϨⲚ̄ⲆⲒⲔⲞⲤⲨⲚⲎ
33. ⲈⲢⲈⲠⲤⲀϨⲞⲨⲈ Ⲙ̄ⲠⲚⲞⲨⲦⲈ

7. {Ⲟ̄} ou Ⲟ surmonté du tréma, gratté. — *12.* Ⲓ refait sur Ⲟ incomplet. — *13-14.* ⲠⲀⲢⲀⲚⲞⲘⲒⲀ, lire ⲠⲀⲢⲀⲚⲞⲘⲞⲤ, cfr A S; cfr ⲀⲔⲀⲐⲀⲢⲦⲞⲤ ... ⲠⲈ et ⲘⲀϤ- au masculin. — *16.* -ⲨⲚⲎ ajouté, à tort, par la 2ᵉ main.

⟨Ι̅Θ̅⟩

ⳈN̄N̄HHY N̄NACЄ[BHC]
CЄCMOY ΔЄ ANP̄CO⸤O⸥[YЄ N̄]
N̄ΔIKOC' *34.* ΠNOYTЄ N[AϮ]
OYBЄN̄ϪACIϨHT' // O⸤Є⸥[IT]
ˉϤϮ ΔЄ N̄OYϨMOT N̄NЄΘ⸤B⸥[I]
35. N̄COΦOC NAP̄KΛHPONOMI
M̄ΠЄOOY' NAΘHT ΔЄ NA
CΩTΠ NAY N̄OYϢΩC ЄϤϪOCЄ
4, *1.* CΩTM̄ NAϢHPЄ ATCBΩ M̄ΠЄ
TNÏΩT' AYΩ ϮϨTHTN AЄII
MЄ' AYMЄYЄ' *2.* OYΔΩPON
ΓAP' ЄNANOYϤ ЄTЄЄIϮ
M̄MOϤ NHTN
MN̄ⲗΩ N̄CΩTN N̄NAϢAϪЄ
3. AÏPϢHPЄ ϨΩT' ЄЄICΩTM̄
N̄CЄΠAÏΩT' ЄPЄTAMAAY
MЄЄI M̄MOЄI *4.* NAÏ ЄTЄNЄY
ϮCBΩ NHI

5. N̄NЄΘ-, lire N̄NЄ⟨T⟩Θ-. — *9.* N sur Π mal gratté, en surcharge. Є en fin de ligne *sup. lin.* — *10.* TN initial sur Πⲗ gratté. AЄII, *sic.*

⟨Ⲕ̄⟩

[ⲈⲨϪⲰ Ⲙ̄]⌞Ⲙ⌟ⲞϤ’ ϪⲈⲘⲀⲦⲈⲠⲚ̄

[ϢⲀϪⲈ] ⲦⲀϪⲢⲞ ⳉⲘ̄ⲠΣϨⲎⲦ

5. [ϨⲈⲖ]ⲀⲔ ⲀⲚⲈⲚⲦⲞⲖⲎⲨ ⁻ΣⲦⲘ̄

[Ⲣ̄]⌞Ⲡ⌟ⲞⲨⲰⲂ9’ ⲘⲚ̄ⲚⲞⲂ9Σ

ⲀⲠϢⲀϪⲈ Ⲛ̄ⲦⲀⲦⲀⲠⲢⲞⲞ̄ // ⲀⲢⲞϤ

6. ⲘⲚ̄ΣⲀ⁻Ϥ Ⲛ̄ⲤⲰΣ Ⲛ̄ⲦⲀⲢⲢϤ̄ϢⲞⲠΣ

ⲘⲚ̄ⲢⲒⲦϤ Ⲛ̄ⲦⲀⲢϤϨⲈⲖⲀⲔ ⲀⲢⲞΣ

8. ⲘⲀⲦⲀⲈⲒⲞϤ Ⲛ̄ⲦⲀⲢϤϢⲞⲠΣ ⲀⲢⲞϤ

9. Ⲛ̄ⲦⲀⲢϤ̄Ϯ Ⲛ̄ⲞⲨΣⲖⲞⲘ Ⲛ̄ϨⲘⲞⲦ

ⲀϪⲚ̄ⲦΣΣⲀⲠⲈⲈ’ ⁺ϤⲢ̄ⲚⲀ9ⲦⲈ

ⲀⲢⲞΣ ⳉⲚ̄ⲞⲨΣⲖⲞⲘ Ⲛ̄ⲦⲢⲨⲫⲎ

10. ⲤⲰⲦⲘ ⲠⲀϢⲎⲢⲈ’ ⁺ΣϢⲠⲚⲀ

ϢⲀϪⲈ ⲀⲢⲞΣ’ ϪⲈΣⲀⲤ ⲈⲢⲀϨⲀϨ

Ⲛ̄ⲄⲔⲒⲚⲰ⁺ⳉ Ⲁ9ⲰⲠⲈ ⲚⲀΣ

11. ⲈⲈⲒϮⲤⲂⲰ ⲄⲀⲢ ⲚⲀΣ ⲀⲚⳉⲒⲞⲞⲨⲈ

Ⲛ̄ⲦⲤⲫⲒⲀ’ ⲈⲈⲒⲦⲈⲖⲞ Ⲙ̄ⲘⲞΣ

ⲀϨⲢⲎⲒ ⲀϪⲚϨⲚⳉⲒⲎⲞⲨⲈ ⲈⲨ̄

ⲤⲞⲨⲦⲰⲚ

1. ⲘⲀⲦⲈ-, cfr A S : ⲘⲀⲢⲈ- — *7-8.* Le verset *7* manque comme dans A S; la 1re incise de *8* manque également comme dans S, où le scribe l’a ajoutée dans la marge du bas, avec renvoi à sa place au verset *8.* — *16.* ⲤⲫⲒⲀ lapsus, lire Ⲥ⟨Ⲟ⟩ⲫⲒⲀ.

⟨K̄Ā⟩
12. ЄϪϢΑΜΟϨЄ ΓΑΡ ⸤Ν⸥[Ϫ̄ЬΙΟΟΥЄ]
ΝΑ9ΩΤΜ ΑΡΟϪ Ā
ЄϪϢΑΠΩΤ ΔЄ ϪΝΑЬΙϹЄ [Α]
13. ЄΜΑϨΤЄ Ν̄ΤΑϹΒΩ ⁺ϪΤΜ
ϪΑϹ Ν̄ϹΩϪ
ϨЄΛΑΚ ΑΡΟϹ ΝΑϪ ΑΠϪ̄ΑϨЄ
14. ΜΝ̄ΜΟϨЄ ϨЄΝЬΙΟΟΥЄ Ν̄
Ν̄ΑϹЄΒΗϹ ΟΥΔЄ ΜΝ̄ϪΩϨ
ΑΝЬΙΟΟΥЄ Ν̄ΝΡΜ̄ЄΤΡΝΟΒЄ
15. ΜΝ̄ϢЄ ΑЬΟΥΝ ΝΜ̄ΜΑΥ ΑΠ
ΜΑ⁺ ЄΤЄΥϹΟΟΥϨ ΑΡΟϤ
ΡΑϪΤϪ ΑΒΟΛ ⁺ϪϢΒΤϪ ΑΡΟΟΥ
16. ΝΟΥΩΒ9 ΓΑΡ ЄΜΠΟΥΡΠЄΟΟΥ
ΑΠΦΙΝΗΜ ΓΑΡ ΟΥЄЄΙ Μ̄ΜΟΟΥ
ΑΥΩ ΜΑΥΩΒ9’ *17.* Ν̄ΤΟΟΥ ΓΑΡ
ЄΥϹΑΝΑ9Τ ЬΝ̄ϨΝ̄ЬΡЄ- Μ̄ΜΝΤ
\\9ΑϤΤ

2. **ΑΡΟϪ**, cfr A **ΑΡΩΚ**, S **ЄΡΩΚ**. — *13.* **Μ** *sup. lin.* — *16.* Plutôt que **ЬΝ̄ϨΝ̄ЬΡЄ-Μ̄ΜΝΤ9ΑϤΤ**; cfr ligne 11 **ΜΑ⁺**, et Introduction, p. XX, note 5.

⟨K̄B̄⟩ //BЄ
[CЄTAЬЄ Ь]˻N˼OYHPΠ N̄PM̄ЄϤPNO
18. [N̄ЬIOOY]Є ΔЄ N̄N̄ΔIKOC
[CЄP̄]OYOЄIN N̄TЬЄ M̄ΠOYOЄĪ
[CЄ]MOϨЄ ΓAP ЄYP̄OYOЄIN
˻Ϣ˼ANTЄΠϨOOY ϪΩⲖ̱ //CЄBHC
19. ϨN̄Ⲗ̱AⲖ̱Є ΔЄNЄ NЬIHYЄ N̄N̄AC
OYΔЄ CЄCOOYNЄ A ϪЄYϪI
ϪPOΠ N̄AЬ N̄ЬЄ //ϪЄ
20. ΠAϢHPЄ ϯϨTHⲖ̱ AΠAϢA
PⲖ̱TΠⲖ̱MAϢTA ΔЄ ANAϪΠIO
21. ϪЄⲖ̱AC ЄNЄNⲖ̱ΠHΓH ΩϪN̄ NAⲖ̱
ϨЄΛAK' ANAΪ ЬM̄ΠⲖ̱ϨHT
22. OYΩ-Ь ΓAP{ΠЄ} N̄NЄTCAЬΠ
M̄MOϤΠЄ' AYΩ OYTΛKOO
M̄ΠCΩMAΠЄ //ϨHT
23. ЬN̄ϨЄΛAK NIB ϨЄΛAK AΠⲖ̱
ϨNЬIOOYЄ {N̄}ΓAP N̄ΩΩ⁺Ь NЄ̄
NABOΛ ЬN̄NAΪ' *24.* ϤI ABOΛ M

6. **ЬI**, de 2e main, sur **ϨB** gratté; la 1re main avait écrit **NϨBHYЄ**. — *8.* **N̄AЬ**, lapsus pour **N̄A9**. — *13.* **{ΠЄ}** gratté. **-CAЬΠ**, *sic*. — *17.* **{N̄}Γ-**, le **Γ** en surcharge utilisant la 2e barre du **N**.

⟨K̄Γ̄⟩

MOⲕ ÑOYTAΠPO [ECKOOMA]
MATEϨNCΠOTOY N[ϪIΓ]
KOONC OYEE ABOⲖ M̄MO⌞ⲕ⌟
25. MATENⲕBAⲖ KΩϢT AN⌞E⌟
TCOYTΩN' ÑTENⲕBAϨ
ϨOYE EIΩPM̄ AMMÑTMHI
26. COYTNϨNⳉIOOYE ÑNⲕOY
PHTE' +ⲕCOOYTN ÑNⲕ
ⳉIOOYE *27.* +ⲕTMPAⲕTⲕ
AYNAM OYΔE AKBIP
+ⲕTⲕTO ÑTⲕOYPHTE
ABOⲖ ⳉM̄ΠETΘOOY
27[a]. ΠNOYTE ΓAP COOYNE
ÑÑⳉIOOYE' EΘEYNAM
CEKOOMA ÑTOOY ÑK̠NE
ΘEKBIP' *27*[b]. ÑTOϤ ΔE ϤNAC

4. Eventuellement AN⌞E⌟[T]. — *10.* ΔE *sup. lin.* — *12.* ⳉM̄ΠETΘOOY, cfr Vulg. *a malo.*

⟨Ⲕ̄Ⲇ̄⟩

[ⲤⲞⲨⲦⲚ̄Ⲛ̄]ⲁⳉⲒⲞⲞⲨⲈ’ ϤⲚⲀⲦⲈ

[ⲚⲤ̄Ⲙ]⸤Ⲁ Ⲙ⸥ⲞϨⲈ ⳋⲰⲠⲈ ⳉⲚ̄ⲞⲨⲒ̈ⲢⲎⲚⲎ

5\. *1.* [ⲠⲀ]⸤Ϣ⸥ⲎⲢⲈ ϯϨⲦⲎⲁ ⲀⲦⲤⲞⲪⲒⲀ

[Ⲣ]⸤ⲁ⸥ⲦⲠⲁϨⲎⲦ ⲆⲈ ⲀⲚⲀϢⲀϪⲈ

2. ϪⲈⲁⲀϨⲈⲖⲀⲔ ⲀⲨⲘⲈⲨⲈ

ϯϨⲰⲚ ⲀⲦⲞⲞⲦⲁ Ⲛ̄ⲦⲀⲤⲐⲎⲤⲒⲤ

ⲚⲚⲀⲤⲠⲞⲦⲞⲨ //ϨⲞⲞⲨ

3. ⲘⲚ̄ϯϨⲦⲎⲁ ⲆⲈ ⲀⲨϨⲤⲒⲘⲈ ⲈⲤ

ⲞⲨⲂⲒⲰ ⲄⲀⲢ ⲠⲈⲦⲦⲖⲦⲖ ⲀⲂⲞⲖ

ⳉⲚ̄Ⲛ̄{Ⲥ}ⲤⲠⲞⲦⲞⲨ Ⲛ̄

ⲞⲨϨⲤⲒⲘⲈ Ⲙ̄ⲠⲞⲢⲚⲎ{ⲢⲞⲤ}

ⲦⲀⲒ̈ⲦⲈ ⲠⲢⲞⲤ ⲞⲨⲞⲨⲚⲞⲨⲞⲨ

ⲈⲤϯϨⲖⲔⲈ Ⲛ̄ⲦⲁϢⲞⲨⲰⲂⲈ

4. ⲘⲚ̄Ⲛ̄ⲤⲰⲤⲔ ⲁⲚⲀⲔⲔⲚⲦⲤ

ⲈⲤⲤⲀⳋⲈ ⲀⲠⲦϢⲞⲨⲰⲰ̄

ⲈⲤϢⲞⲖⲔ Ⲛ̄ϨⲞⲈⲒⲦ’ ⲀⲨⲤⲎϤⲈ

3. **ϢⲎⲢⲈ**, le **Ⲏ** refait sur **Ⲛ** gratté. Lire **ⲀⲦ⟨Ⲁ⟩ⲤⲞⲪⲒⲀ** avec tous les autres témoins. — *4.* **ⲠⲁϨⲎⲦ**, *sic*; tous les autres témoins ont *oreille*. — *5.* **ϪⲈⲁⲀ-**, = **ϪⲈⲁⲚⲀ-**, cfr Introduction. — *10.* {**Ⲥ**} gratté. — *11.* **ⲠⲞⲢⲚⲎ**, le **Ⲣ** *sup. lin.*; {**ⲢⲞⲤ**} gratté (**ⲠⲞⲚⲎⲢⲞⲤ** corrigé en **ⲠⲞⲢⲚⲎ**). — *15.* **ⲀⲠⲦϢⲞⲨⲰⲰ̄**, le **Ⲧ** *sup. lin.*; cfr A **ⲤⲒϨⲈ**, S **ⲤⲒϢⲈ**, Vulg. *absynthium*. — *16.* Lire **Ⲛ̄Ϩ⟨ⲞⲨ⟩ⲞⲈⲒⲦ**, comme en **3**, *14*, etc.; voir l'Index des mots autochtones.

⟨Ⲕ̄Ⲉ̄⟩

Ⲛ̄ϨⲞ ⲤⲚⲀⲨ’ *5.* ⳈⲢⲎⲒ Ⲅ⸤Ⲁ⸥[Ⲣ ⳈⲚ̄]

ⲦⲤⲘⲚⲦⲀⲐⲎⲦ ⲈⲢⲈⲚ[Ⲥ̄]

ⲞⲨⲢⲎⲦⲈ ϪⲒ ⲀⲠⲒⲦⲚ Ⲛ⸤Ⲛ⸥[Ⲉ]

ⲦⲢⲬⲢⲰϨ Ⲙ̄ⲘⲞⲤ ⲘⲚ̄ⲞⲨ

ⲘⲞⲨ ⲚⲀⲨ ⲀⲈⲘⲚ̄ⲦⲈ

ⲚⲤ̄ⲞⲨⲢⲎⲦⲈ ⲦⲀϪⲢⲞⲒ̈Ⲧ’ Ⲁ

6. ⲚⲤⲘⲀ ⲘⲞϨⲈ ⲄⲀⲢ Ⲁ̄ ϨⲈⲚ

ⳈⲒⲞⲞⲨⲈ Ⲙ̄ⲠⲰ-Ⳉ //ⲤⲈϨⲎⲠ

ⲚⲤⳈⲒⲞⲞⲨⲈ ϤⲦⲢⲦⲞⲢⲦ ⲀⲨⲰ

7. ϮⲚⲞⲨⲔ ⲠⲀϢⲎⲢⲈ ⲤⲰⲦⲘ ⲀⲢⲞⲒ̈

⸌ⲌⲦⲘⲦⲤⲦⲈⲚⲀϢⲀϪⲈ ⲀⲂⲞⲖ

8. ⲘⲀⲦⲈⲦⲌⳈⲒⲎ’ ⲞⲨⲈⲒ̈ Ⲙ̄ⲘⲞⲤ

ⲘⲚ̄ⲦⳈⲚⲞⲌ ⲀⳈⲞⲨⲚ ⲀⲚⲢⲰⲞⲨ

Ⲙ̄ⲠⲤⲎⲒ̈’ *9.* ϪⲈⲚⲌϮⲠⲌ̄Ⲱ⸌Ⳉ

Ⲛ̄ϨⲚ̄ⲌⲈⲞⲨⲈ’ ⲠⲌ̄ⲀⲀϨⲈ

Ⲛ̄ϨⲚⲀⲦⲚⲀⲀⲈ

1. ⳈⲢⲎⲒ, comme S ϨⲢⲀⲒ̈, au lieu de Ⲛ̄ⳈⲢⲎⲒ-. — *11.* 2e Ⲧ surmonté de deux points, refait sur Ⲓ̈, ou radiation ? Ⲧ suivant *sup. lin.* — *13.* Ⲧ refait sur Ⳉ gratté. — *14.* Entre ⲠⲌ̄ et Ⲱ⸌Ⳉ, sorte de point : ponctuation ? — *16.* Ⲧ refait sur Ⲛ gratté.

⟨Ⲕ̄Ⲋ̄⟩

10. [ϪⲈⲚⲈϨ]ⲚⲔⲞⲞⲨⲈ ⲤⲒ Ⲛ̄ⲦⲔⲞⲘ
[Ⲛ̄ⲦⲈ]ⲚⲔⳈⲒⲤⲈ ϢⲈ ⲀⳈⲚ̄ ⲀⲠⲎⲒ̈
[Ⲛ̄Ϩ]ⲚⲔⲞⲞⲨⲈ' *11.* ⲘⲚ̄Ⲛ̄ⲤⲰⲤ ⁺ⲔⲢ
⸤Ϩ⸥ⲦⲎⲔ ⳈⲚ̄ⲦⲔⲘⲚ̄ⲦⳈⲖⲖⲞⲞ̄
ⲈⲨϢⲀⳈⲒⲦⲈ Ⲛ̄ⲔⲚ̄ⲤⲀⲢⲌ
Ⲙ̄ⲠⲔ̄ⲤⲰⲘⲀ' *12.* ⲘⲚ̄Ⲛ̄ⲤⲰⲤⲔ
⁺ⲔϪⲞ⁺Ϥ ϪⲈⲈⲦⲂⲈⲞⲨ ⲚⲈⲒ̈
ⲞⲨⲀ9ⲞⲨ Ⲁ ⲚⲈϮⲤⲂⲰ ⲚⲎⲒ
ⲀⲨⲰ ⲀⲠⲀϨⲎⲦ ⲢⲒⲔⲈ ⲀⲂⲞⲖ
Ⲛ̄ⲚⲈⲦϪⲠⲒⲞ Ⲙ̄ⲘⲞⲈⲒ
13. ⁺ⲔϪⲞϤ ϪⲈⲘⲠⲒⲤⲰⲦⲘ ⲀⲠⲊ̄
ⲠⲢⲀⲨ Ⲙ̄ⲠⲈϮⲤⲂⲰ ⲚⲎⲒ
Ⲙ̄ⲠⲒⲢⲒⲔⲈ Ⲙ̄ⲠⲀⲘⲀϢⲦⲀ
Ⲛ̄ⲤⲈⲠⲈⲦⲤⲈⲂⲞ Ⲙ̄ⲘⲞⲈⲒ
14. ⲠⲀⲢⲀ ⲔⲈ9ⲎⲘ ⲀⲈⲒ9ⲰⲠⲈ
Ⲙ̄ⲠⲈⲐⲞⲞⲨ ⲚⲒⲂ

1. Lire Ⲛ̄Ⲧ⟨Ⲕ⟩ⲔⲞⲘ. — *5.* Après ⳈⲒⲦⲈ, un **Ⲕ** (?) *sup. lin.*, très effacé. — *6.* **ⲤⲰⲘⲀ**, le **Ⲱ** refait sur **Ⲁ** mal gratté (**ⲤⲀⲢⲌ** ?). — *11-12.* **ⲠⲊ̄ⲠⲢⲀⲨ**, *sic*, pour **ⲠⳈⲢⲀⲨ**. — *16.* Lire **⟨Ⳉ⟩Ⲙ̄Ⲡ-**, cfr A S.

⟨Κ̄Ζ̄⟩
N̄ΤΜΗΤΕ N̄ΝΙCΟ⌞Ο⌟[ΥϨC̄]
ΜN̄ΝΙΜΗϢΑ' *15.* CΕΜ⌞Ο⌟[ΟΥ]
ΑΒΟΛ ⳉN̄ΝΣΑΓΓΗΝ ΜN̄⌞Α⌟
ΒΟΛ ⳉN̄N̄ϪΩΤΕ N̄ΤΣΠΗΓΗ
16. ΜN̄ΤΕΝΣΜΟΟΥ ΠΩΝΑ Ā
ΑΒΟΛ M̄ΠΒΟΛ N̄ΤλΠΗΓΗ
ΜΑΡΕΝλΜΟΟΥ ΔΕ ΜΟϨΕ
ⳉN̄ΝλΠΛΑΤΕΑ //ΟΥΑΑΤλ
17. ΜΑΤΕΤλΠΗΓΗ 9ΩΠΕ ΝΑλ
ΜN̄ΤΕϨΙΑ ΤΩⳉ ΑΡΟC ΝM̄
ΜΑλ *18.* ΜΑΤΕΤλΠΗΓΗ M̄
ΜΟΟΥ 9ΩΠΕ ΝΑλ ΟΥΑΑΤλ
ϯλΕΥΦΡΑΝΕ ΜN̄ΤλϨCΙΜΕ
ϪΙΝΤλΜΝΤϢΗΡΕ 9ΗΜ
19. ΠΕΕΙΟΥΛ N̄ΤλΜΝΤ9ΒΗΡ
ΑΥΩ ΠCΗΚ N̄Νλ{Ν}ϨΟΜΤ

4. **-ϪΩΤΕ**, lapsus pour **ϢΩΤΕ**; cfr A S. — *5.* **ΠΩΝΑĀ** ? **Ā** négation est inadmissible. — *7.* **ΜΑΡΕ-**, au lieu de **ΜΑΤΕ**; lapsus, ou influence du modèle sahidique. — *10.* **-ϨΙΑ**, *sic.* — *16.* {**Ν**} surmonté de deux points, gratté. **ϨΟΜΤ**, métathèse de **ϨΜΟΤ**, cfr A S.

⟨Κ̄Η̄⟩

[ΜΑΡ]˻Ϥ˼ϢΑϪΕ ΝΜ̄ΜΑⲖ //ΑΡΟⲖ
[ΜΑ]˻Τ˼ΕΤϹΜΝΤ9ΒΗΡ ϪΙϹΕ
˻Μ˼ΑΡ⊥ϹϹΟΥΑϨϹ Ν̄ϹΩⲖ Ν̄ΟΥΟΕΙϢ
ΝΙΒ’ ΕⲖΜΟϨΕ ΓΑΡ ⳈΝ̄ΤΜΝΤ
9ΒΗΡ Ν̄ΤΑΪ ⲖΝΑΑϢΗΙΤΕ
20. ΜΝ̄ΤΑϢΟⲖ ΑΡΑΤϹ Ν̄ΟΥϢΜΜΩ
ΟΥΔΕ ΜΝ̄ϯΠⲖΟΥΑΕΙ ΑΝΓ
ΚΒΟΕΙ Ν̄ΤΕΤΕΤΩⲖ ΑΑΤΕ
21. Ν̄ⳈΙΟΟΥΕ ΓΑΡ Ν̄Π̄ΡΩΜΕ
Μ̄ΠΜ̄ΤΟ ΑΒΟΛ Ν̄Μ̄ΒΕΛΛ Μ̄Θ̄Ȳ
ϤΚΟΟϢΤ ΔΕ ΑϪΝ̄Ν̄ϤⳈΙΟΟΥΕ
ΤΗΡΟΥ //ΜΕ
22. Μ̄ΠΑΡΑΝΟΜΙΑ ΚΩΡΡΚ ΑΠΡΩ
ΕΥΡ̄ϨΕΤΑΖΕ Μ̄ΠΟΥΙ ΠΟΥΙ
ⳈΝ̄Μ̄ΜΡ̄ΡΕ Ν̄Ν̄ϤΝΟΒΕ
23. ΕΡΕΠΑΪ ΝΑΜΟΥ ΜΝ̄ΝΙΜΗϢΑ
ΕΤΒΕΤϤΜΝΤΑΤϹΒΩ

3. **ΜΑΡ⊥ϹϹ-**, lire ? {**ΜΑΡ**}**⊥ϹϹ-**; cfr A S **ΝϹ̄-**. — *6.* **ϢΜΜΩ**, le 1er **Μ** *sup. lin.* — *9.* **Ν̄Π̄ΡΩΜΕ**, écrit d’abord **Ν̄Ν̄ΡΩΜΕ**; le **Π** refait sur le 2e **Ν̄**. — *10.* **Μ̄Θ̄Ȳ**, = **Μ̄ΠΝΟΥΤΕ**; cfr *supra* **3**, *9* et *infra* **Κ̄Ȳ 16**, *11*. — *14.* **Ρ̄ϨΕΤΑΖΕ**, semble un non-sens; cfr A **ϨΩΚ**, S **ϨΩΚ**, grec σφίγγειν. Le scribe, au lieu de **ϨΩΚ** de son modèle, aurait-il lu **ΤΩΚ**? (cfr 1 *Rois*, **20**, *12* : **ΤΩΚ** = ἀνακρίνειν).

⟨Ⲕ̄Ⲑ̄⟩

ⲀϤⲚⲞϪϤ ⲆⲈ ⲀⲂⲞⲖ Ⲁ⸤Ⲡ⸥[..... ?] ⲦⲈ' ⲀⲨⲰ Ⲙ̄ⲠϤⲞⲨⲞⲞⲚϨ[.... ?] ⲀϤⲦⲈƛⲞ ⲈⲦⲂⲈⲦϤⲘⲚⲦ'Ⲁ⸤Ⲑ⸥[ⲎⲦ] ⲀⲨⲰ ⲈϤⲚⲀⲦⲈƛⲞ ⲈⲦⲂⲈⲦϤ ⲘⲚⲦⲀⲦⲐⲎⲦ' **6**, *1*. ⲠⲀϢⲎⲢⲈ Ⲉƛ ϢⲀⲢ̄ⲠϢⲦⲰⲢⲈ Ⲙ̄ⲠⲔⳈⲂⲎⲢ Ⲉƛ{ⲚⲀ}ϮⲦⲞⲞⲦƛ ⲘⲘ̄Ⲡƛ̄ϢⲀϪⲈ *2*. ⲞⲨⲔⲞⲢⲔⲤ ⲈⲤⲚⲀⳈⲦ Ⲙ̄ⲠⲢⲰⲘⲈ ⲚⲈ Ⲛ̄ϤⲤⲠⲞⲦⲞⲨ Ⲙ̄ⲘⲒⲚ Ⲙ̄ⲘⲞϤ ⳈⲀⲢⲞⲨⲦⲈƛⲞ Ⲛ̄Ⲛ̄ϢⲀϪⲈ ⲚⲢⲰϤ *3*. ⲠⲀϢⲎⲢⲈ' ⲈⲢⲒⲚⲈⲦⲈⲈⲒϨⲰ̄ Ⲙ̄ⲘⲞⲞⲨ ⲀⲦⲞⲞⲦƛ ⁺ƛⲰⲰ-ь ⲈⲢⲀƛⲈⲒ ⲄⲀⲢ ⲀⲦⲞⲞⲦⲞⲨ ⲚϨⲘ̄ ⲠⲈⲐⲞⲞⲨ ⲈⲦⲂⲈⲠⲔⳈⲂⲎⲢ ⲘⲚ̄ⳈⲰⲠⲈ ⲈƛⲂⲎⲖ ⲀⲂⲞⲖ ⳈⲰⲠⲈ ⲈƛⲦⲰⲂⲤ Ⲙ̄ⲠƛⲢⲘ̄Ⲛ̄ϮⲘⲈ

1-2. Le texte est bouleversé et, partant, difficile à reconstituer; lire **Ⲁ⸤Ⲡ⸥[ϤⲀϢⲎⲒ]ⲦⲈ' ⲀⲨⲰ Ⲙ̄ⲠϤⲞⲨⲞⲞⲚϨ[Ϥ ⲀⲂⲞⲖ]**? Lapsus identique 63, *2*. Cfr S **ⲈⲂⲞⲖ ϨⲘ̄ⲠⲀϢⲀЇ Ⲙ̄ⲠⲈϤⲞⲨⲚⲞϤ**, A **ⲀⲂⲀⲖ ϨⲘ̄ⲠⲀϢⲈЇ Ⲙ̄ⲠϤ̄ⲞⲨⲚⲀϤ**, ici très corrompu. — *7*. {**ⲚⲀ**} ? gratté; **ϢⲀϪⲈ**, lapsus pour **ϪⲀϪⲈ**, cfr A S. — *10*. le **ⲞⲨ** refait sur **Ϥ**. — *13*. **ⲈⲢⲀƛ**-, lapsus ? cfr A S **ⲀⲔ**-. — *14*. **ⲠⲔ**-, pour **Ⲡƛ**-.

⟨Ⲗ̄⟩

[ⲈⲦⲀⲁⲢ̄Ⲡ]ϢⲦⲰⲢⲈ Ⲙ̄ⲘⲞϤ

4. [ⲘⲚ̄Ϯϩ]ⲒⲚⲎⲘ Ⲛ̄ⲚⲁⲂⲈⲖⲖ

[Ⲓ̈ ⲢΣ̄Ⲣ]ⲒⲁⲈ Ⲛ̄ⲚⲁⲂⲀϩⲞⲨⲈ

5. ⸤Ϫ⸥ⲈⲈⲁⲚⲀⲢⲂⲞⲖ Ⲛ̄ⲦⳉⲈ ⲚⲞⲨⲔ

ⲬⲞⲤ ⲀⲂⲞⲖ ϩⲈⲦⲚⲞⲨⲦⲀⲠ

Ⲓ̈ ⲦⳉⲈ Ⲛ̄ⲞⲨϩⲀⲖⲎⲦ' ⲀⲂⲞⲖ ⳉⲚ̄ⲞⲨ

ⲠⲀ99Ϥ' *6*. ϢⲞⲁ ϢⲀⲠⲔⲀϪⲒϤ

Ⲱ ⲠⲢ̄ⲘⲈⲦϪⲚⲀⲀⲨ

+ⲁⲁⲰϩ ⲀⲚϤ̄ⳉⲒⲞⲞⲨⲈ

+ⲁⲢⲤⲀⲂⲈ Ⲛ̄ϩⲞⲈⲒⲦ' ⲀⲢⲞϤ

7. ⲘⲚ̄ⲦⲈⲠⲈⲦⲘⲘⲀⲨ ⲄⲀⲢ ⲤⲰ9Ⲉ

ⲞⲨⲆⲈ ⲘⲘ̄ⲠⲈⲦⲢ̄ⲀⲚⲀⲄⲔⲀ

ⲌⲈ Ⲙ̄ⲘⲞϤ

ⲞⲨⲆⲈ ⲈⲘⲚ̄ϪⲞⲈⲒⲤ ϩⲈϪⲰϤ

8. Ⲛ̄ⲐⳉⲈ ⲈⲦⲈ9ⲀⲢϤ̄ⲤⲂⲦⲈⲦϤ

ⳉⲢⲈ Ⲙ̄ⲠϢⲰⲘ' -Ϥ̄ⲦⲀϢⲞ Ⲙ̄

ⲠϤⲁⲰ ⲀⳉⲢⲎⲒ ⳉⲘ̄ⲠⲰⲤⳉ

3. [Ⲓ̈ ⲢΣ̄Ⲣ], lacune de 2 à 3 lettres; le texte [ⲘⲚ̄ϮⲢΣ̄Ⲣ]ⲒⲁⲈ serait beaucoup trop long (S ⲀⲨⲰ Ⲙ̄ⲠⲢ̄ϮⲢⲈⲔⲢⲒⲔⲈ); cfr ϩⲢⲁⲢⲒⲁⲈ au verset 10. — *5*. -ⲦⲀⲠ, sous l'influence de *Ps* **21**, *22* ? cfr A ⲀⲖⲞⲨ, S ϩⲀϬⲈ. — *7*. ϢⲞⲁ, cfr A S ⲂⲰⲔ, B ϢⲰⲠⲒ. — *10*. Lire Ⲛ̄ϩ⟨ⲞⲨ⟩ⲞⲈⲒⲦ; voir l'Index.

⟨ⲖⲀ̄⟩

8ᵃ. Ⲓ̈ ⸗ϬϢⲈ ⲀⲢⲀⲦϤ ⲘⲠ̄[ⲀϤ ⲚⲈⲂⲒⲰ̄]
⸗ϬⲚⲀⲢⲞ ⲚⲦϤⲘⲚⲦ'Ⲣ̄Ϩ⌞Ⲱ⌟[Ⲃ]
ⲈϤⲒⲢⲈ ⲘⲠϤϨⲰⲂ ϨⲰⲤ Ⲙ[ⲚⲦ̄]
ⲤⲀⲂⲈ' *8ᵇ.* ⲠⲀⲒ̈ ⲈⲦⲈⲨϮ ⲚⲚϤ̄
ⳈⲒⲤⲈ ⲚⲢ̄ⲢⲰⲞⲨ ⲘⲚ̄ⲚⲢⲰⲘⲈ ⲀⲨ
ⲘⲦⲞⲚ' ⲈϤⲦⲀⲒ̈ⲞⲈⲒⲦ ⲆⲈ {Ⲛ}
⸗ϨⲞⲨⲞⲈⲒⲦ ⲀⲨⲞⲨⲞⲚ ⲚⲒⲂ
ⲀⲨⲰ' ⲈⲨⲞⲨⲀ9Ϥ' *8ᶜ.* ⲚⲔ̄ⲠⲈⲢ' ⲞⲨ
ⲔⲰⲂ ⳈⲚⲦϤⲔⲞⲘⲠⲈ
ⲀϤⲦⲀⲒ̈ⲈⲦⲤⲞⲫⲒⲀ ⲀϤⲒ ⲀⲂⲞⲖ
9. ϢⲀⲦⲚⲀⲨⲔ̄ ⲦⲞϬ ⲈϬⲂⲎϬ ⲠⲢⲘ
ⲈⲦϪⲚⲀⲀⲨ ⲈϬⲚⲀⲦⲰⲞⲨⲚ̄
ⲆⲈ ⳈⲀⲠⲫⲒⲚⲎⲘ ⲚⲦⲚⲀⲀⲨ
10. ϬⲞⲂ9 ⲚⲞⲨⲀⲠⲢⲎⲦⲈ
ϬϨⲘⲞⲤⲦ ⲚϬⲈⲀⲠⲢⲎⲦⲈ
ϬϪⲒϨⲢϬⲢⲒϬⲈ ⲚϬⲈⲀⲠⲢⲎⲦⲈ

2. **-ⲚⲀⲢⲞ Ⲛ̄-**, *idem* **15**, *30*; **-ⲚⲀⲢⲞϤ 7**, *7*; **-ⲚⲀⲢⲈ(ⲨϬⲀϬⲈ) 20**, *9.* Correspond une fois à S **ⲈⲒⲘⲈ** et 3 fois à S **ⲚⲀⲨ**. — *5.* Lire **⟨Ⲛ̄⟩Ⲛ̄Ⲣ̄Ⲣ-**. — *6.* **{Ⲛ}** inachevé. — *7.* Lire ? **Ⲁ{ⲞⲨ}ⲨⲞⲚ**. — *8.* Le **ⲞⲨ** *sup. lin.* — *11.* Lire **⟨Ⲛ̄⟩ⲦⲞϬ** ? **-ⲂⲎϬ**, cfr *supra* **1,** *14,* **ⲂⲰϬ**; **A** S **ⲚⲎϪ**.

⟨Ⲗ̄Ⲃ̄⟩
[Ⲛ̄ϪⲈⲀⲠⲢ]ⲎⲦⲈ ⲈⲦⲞⲞⲦϪ ϪⲞⲖϬ
[ⲀⳈ]Ⲟ̣ⲨⲚ Ⲙ̄ⲘⲞϪ’ *11.* ⲘⲚ̄Ⲛ̄ⲤⲰⲤⲔ
[Ϣ]Ⲁ̣ⲢⲈⲦⲘⲚⲦⲐⲎϪⲈ ⲈⲒ ⲚⲀϪ
ⲚⲦⳈⲈ Ⲛ̄ⲞⲨⲈⲒ ⲈϤϨⲞⲞⲨ ⲈϤ
ⲘⲞϨⲈ ⲚⲘ̄ⲘⲀϪ ϨⲈⲨⳈⲒⲎⲎ̄
ⲀⲨⲰ ⲠⲢⲔⲢⲰϨ Ⲛ̄ⲦⳈⲈ Ⲛ̄ⲞⲨⲢⲘ̄
ⲈϤⲠⲰⲦ ⲈⲚⲀⲚⲞⲨϤ
11a. ⲈϢⲰⲠⲈ ⲆⲈ ⲈⲘⲀϪϬⲚⲀⲀⲨ
ⲠΣ̄ⲰⲰⲤⳈ Ⲛ̄ⲚⲎⲨ ⸗ⲦⳈⲈ Ⲛ̄ⲞⲨⲠⲎⲄⲎ
ⲠⲢⲔⲢⲰϨ ⲚⲀⲠⲰⲦ’ ⲀⲂⲞⲖ Ⲙ̄
ⲘⲞϪ Ⲛ̄ⲐⳈⲈ Ⲛ̄ⲞⲨⲢⲘ̄ⲈϤϨⲞⲞⲨ
12. ϢⲀⲢⲈⲞⲨⲢⲰⲘ̓Ⲉ Ⲛ̄ⲀⲦⲐⲎⲦ
ⲀⲨⲰ Ⲙ̄ⲠⲀⲢⲀⲚⲞⲘⲞⲤ
ⲘⲞϨⲈ ϨⲈϨⲚ̄ⳈⲒⲞⲞⲨⲈ ⲨϨⲞⲞⲨ
13. ϢⲀⲢϤϬⲰⲢⲘ̄ ⳈⲘ̄ⲠϤⲂⲀⲖ
⸗ϤϮⲘⲎⲈⲒⲚ ⳈⲚ̄ⲦϤⲞⲨⲢⲎⲦⲈ

1. ϪⲞⲖϬ, cfr ⲔⲰⲖϬ **19**, *24*; ⲔⲞⲖϬ **1**, *20*; ou bien ⲈⲦⲞⲞⲦϪϪ ⲞⲖϬ, cfr S ⲈⲢⲈⲦ[ⲞⲞⲦ]Ⲕ̄ ⲞⲖⲔ̄, confusion de Ϫ et Ϭ, voir Introduction. — *6.* ⲠⲢⲔⲢⲰϨ, le 1[er] Ⲣ *sup. lin.* — *9.* //ⲄⲎ *sup. lin.* — *13.* ⲚⲞⲘⲞⲤ, le Ⲛ refait sur Ⲙ. — *14.* Lire ⟨Ⲉ⟩ⲨϨⲞⲞⲨ.

ⲖⲄ̄

‾ϤϮⲤⲂⲰ ⲆⲈ ⳉⲚ̄ϩⲚ̄ϪⲰ̣Ⲣ̣[Ⲙ̄ ⲚⲦⲎⲂⲀ]
14. ϤⲀⲢⲈⲠϩⲎⲦ' ⲈⲦⲔⲞⲞⲘⲀ Ⲙ̣[ⲈⲨⲈ]
ⲀϩⲘ̄ⲠⲈⲐⲞⲞⲨ Ⲛ̄ⲞⲨⲞⲈⲒϢ ⲚⲒⲂ̣
ϤⲀⲢⲈⲠⲀΪ Ⲛ̄ϮⲘⲒⲚⲈ Ⲣ̄ϩⲚ̄ϤⲦⲞⲢ
ⲦⲢ' *15.* ⲠϤⲦⲈϪⲞ ⲄⲀⲢ Ⲛ̄ⲚⲎⲨ ⲈϤ
ϩⲎⲢ' ⲀⲢⲞϤ Ⲁ' ⲞⲨⲔⲞⲖϪⲤ
ⲘⲚ̄ⲞⲨⳉⲰϢϤ Ⲛ̄ⲀⲦⲦⲖⲔⲞ
ⲈⲦⲚ̄ⲚⲎⲨ ⲀϪⲰϤ
16. ϪⲈϤⲢⲀϢⲈ ⲀϪⲚ̄ϩⲰⲂ ⲚⲒⲂ
ⲈⲦⲈⲠⲚⲞⲨⲦⲈ ⲘⲞⲤⲦⲈ ⲘⲘⲞⲞⲨ
ϤⲚⲀⳉⲰϢϤ ⲆⲈ ⲈⲦⲂⲈⲦⲀⲔⲀ
ⲐⲀⲢⲤⲒⲀ Ⲛ̄ⲦϤⲮⲨⲬⲎ //ⲦⲰⲞⲨ
ⲤⲞⲞⲨ Ⲛ̄ϩⲰⲂ ⲈⲦⲀⲠϪⲞⲈⲒⲤ ⲘⲤ
ⲤⲀϤϤⲚⲈ Ⲙ̄ⲂⲞⲦⲈ Ⲛ̄ⲦϤⲮⲨⲬⲎ
17. ⲞⲨⲖⲀⲤ Ⲛ̄ⲢⲘ̄ⲈϤϢⲰⲤ' ⲘⲚ̄ⲞⲨ
ⲂⲀⲖ Ⲛ̄ⲢⲘ̄ⲈϤϪⲒⲄⲔⲞⲞⲚⲤ //ⲞⲤ
ϩⲚ̄ⲔⲒϪ ⲈⲨⲠⲚ̄ⲀⲤⲚⲞϤ ⲀⲂⲞⲖ ⲆⲒⲔ

5-6. ⲈϤϩⲎⲢ ... Ⲁ, S ϩⲚ̄ ⲞⲨϢⲤ̄ⲚⲈ, A ϩⲚⲞⲨⲤϩⲚⲈ, grec ἐξαπίνης, cfr **13**, *23*. — *6.* -ⲔⲞⲖϪⲤ, confusion avec ⲔⲞϪⲔϪ ? cfr A S. — *11.* Le B refait sur Ⲉ. — *17.* -ⲠⲚ̄Ⲁ-, = S ⲠⲈⲚⲈ-. Lire ⟨Ⲛ̄⟩ⲆⲒⲔⲞⲤ.

⟨Λ̄Δ̄⟩

18. [ΟΥϨ]˻Η˼Τ ΕϤΜΕΥΕ ΑϨΜΠΕΘΟΟΥ

[ϨΝ̄]ΟΥΡΗΤΕ ΕΥΚΕΠΗ ΑΡΠΕΘΟΟΥ

19. ˻9˼ΑΡΕΥΜΝΤΡΜ̄ΕϹϪΙΓΚΟΝϹ

{.....} ΤΜϨΕϨΝ̄ΚΟΛ

9ΑΡϤϪΟΟΥ Ν̄ϨΝ†ΤΩΝ ΕΥ

ϨΟΟΥ Ν̄ϨΝϹΝΗΥ //ΜΠⲕΙΩΤ

20. ΠΑϢΗΡΕ ϨΕΛΑΚ ΑΠΝΟΜΟϹ

⁺ⲕΤΜⲕΩ Ν̄ϹΩⲕ Ν̄ΑΝϹΜΝΕ

Ν̄ΤⲕΜΑΥ' *21.* ΜΟΡΟΥ ΔΕ ΑΤⲕ

ΨΥΧΗ ⳉΝ̄ΟΥΩΡϪ //ΜΟΥΤ

⁺ⲕΑΪΤΟΥ Ν̄ΟΥⲕΛΑΛ ΑΠⲕ

22. ΕⲕϢΑΜΟϨΕ ΕΝΙΤϹΒΩ

ΑΠΜΟΕΙΤ ΝΜ̄ΜΑⲕ' ΑΥΩ

ΜΑΡϹ̄9ΩΠΕ ΝΜ̄ΜΑⲕ ⳉΜ̄

ΜΑ ΝΙΒ ΕⲕϢΑⲕⲕΟΤΕ

ΜΑΡϹ̄ϨΕΛΑΚ ΑΡΟⲕ' ⲕΑϹ

ΕⲕϢΑΤΩΟΥΝ ΕϹΝΑϢΑϪΕ

ΝΜ̄ΜΑⲕ

3. Vu que l. 5 on a le masculin 9ΑΡϤ-, il faut corriger, avec A S et le grec : -ΕΥΜΝΤΡ⟨Ε Ν̄Ρ⟩Μ̄ΕϤ-. — *4.* {4-5 lettres} grattées. — *8.* Lire ⟨Ν̄⟩Ν̄ΑΝϹ-. — *12.* Le Τ *sup. lin.* — *15.* -ⲕⲕΟΤΕ, cfr A Ν̄ΚΑΤΕ, S Ν̄ΚΟΤΚ̄.

⟨Λ̄Є̄⟩

23. ΟΥΡΜ̄ЄCΡ̄ΟΥΟЄΙΝ [ΓΑΡΤЄ]
ΤЄΝΤΟΛΗ ЄΤΝΑΝΟΥ[C]
ΟΥΟЄΙΝ ΔЄΠЄ ΠΝΟΜΟC
ϤΑΡЄΤCΒΩ ΓΑΡ ϪΠΙЄ
⁻ⳈΙΟΟΥЄ Μ̄ΠΑCЄΒΗC
24. ϪЄCΑϨЄΛΑΚ ΑΡΟϪ ΑΥϨ
ϨCΙΜЄ ЄΤΩϪ ΑΤЄ’ ΑΥΩ
ΟΥΔΙΑΒΟΛΗ Ν̄ΛΑC Ν̄ϨΝϢΜΜΟ
25. ΜΝ̄ΤЄΠCΑЄ Ν̄ΟΥЄΠΙΘΥ
ΜΙΑ ΤΚΡΟ ΑΡΟϪ’ ΜΝ̄ΤΟΥ
ΚΩΡΚ ΑΡΟϪ ⳈΝ̄ΝCΒΑΛ
ΟΥΔЄ ΜΝ̄ΤCΤΟΡΠϪ ⳈΝ̄ΝC̄
ΒΑϨΟΥЄ’ *26*. ΠΤΑΪΟ ΓΑΡ Ν̄ΟΥ
ΠΟΡΝΗ //ΟΥΩΤΠЄ
ϢΑΠΟΥΩΜ Ν̄ΟΥΟЄΙϪ ΟΥ
ϤΑΡЄΤϨCΙΜЄ ΔЄ ΚΩΡΚ ΑΤ
ΨΥΧΗ Ν̄Ν̄ΡΩΜЄ ЄΤΑЄΙΟ
ЄΙΤ

5. **Μ̄ΠΑCЄΒΗC**, lapsus pour **Μ̄ΠΑϨЄ** lu **Μ̄ΠΑCЄ** et complété par **ΒΗC**; cfr les autres témoins. — 10. Lire : {Τ}**ΚΡΟ**. — *11*. **ΚΩΡΚ**, le **Ω** refait sur **Ρ** gratté. — *12*. **ΤΟΡΠϪ**, le **Ο** refait sur **Μ** inachevé ? — *14-15*. **ΟΥΟΥ-**, lire **Ν̄ΟΥ-**. — *16*. **ΔЄ**, le **Є** *sup. lin.*

⟨Λ̄Ϛ̄⟩
27. [ΜΙ ΟΥΝ̄]⸤Ο⸥ΥΪ ΝΑΜΡ̄ϨΝ̄ϪΒΒΑC
[ⳈΝ̄λ]⸤Ο⸥Ο¯Ϥ ⸗ϤΤΜΡλϨΝϤ̄ⳈΟΪΤЄ
28. [Ϊ Ο]ΥΝΟΥΪ ΝΑΜΟϨЄ ϨЄϨΝ
ϪΒΒΑC Ν̄CΑϨΤЄ ⸗ϤΤΜΡλϨ
ΝϤ̄ΟΥΡΗΤЄ' *29.* ΤΑΪΤЄ ΤⳈЄ
Μ̄ΠЄΤΒΗλ ΑⳈΟΥΝ ϢΑΥϨCΙ
ΜЄ ЄΥΝ̄ΤC ϨΑΪ' ЄΤЄϤΑ9
9ΩΠЄ Α ЄϤΟΥΑΑΒ ΑΝΟΒЄ
ΟΥΔЄ ΟΥΟΝ ΝΙΒ ЄΤϪΩϨ ΑΡΟC
30. ΟΥ9ΠΗΡЄ ΑΤЄ ЄΥϢΑΤЄϨ
ϨЄΟΥЄΙ ЄϤϪΙΟΥЄ
ЄϤϪΙΟΥЄ ΓΑΡ ϪЄϤΑΤCΙΟ
Ν̄ΤϤΨΥΧΗ ЄΤΘΟλΡ
31. ЄΥϢΑΚΟΠϤ ΓΑΡ ϤΝΑΤΑΪ
CΟΥ Ν̄CΑ9Ϥ Ν̄λΩΒ ϤΝΑϮ
Ν̄ΝϤ̄ΥΠΑΡΧΟΝΤΑ ΤΗΡΟΥ
ϨЄΠΤΟΥϪΟϤ

4. Lire Ν̄CΑ{Ϩ}ΤЄ. — *7.* Lire ЄΝЄϤΝΑ-. — *16.* **Υ** surmonté du tréma, lire ? ⟨Ϩ⟩Υ- (Ϩ faible).

⟨Λ̄Ζ̄⟩
32. ΠΝΟΕΙϪ ΔΕ ΕΤΒΕΤ⌞Ϥ⌟[ΜΝ̄Τ]
ΑΘΗΤ ΝΑΤϬΠΟ Ν̄ΟΥΤ[Ε]
ϪΟ Ν̄ΤϤΨΥΧΗ Μ̄ΜΙΝ Μ̄Μ⌞ΟϤ⌟
33. ϤΝΑϤΙ ⳈΑϨΝΜ̄ϪΑϨ Ν̄ϨΗΤ
ΜΝ̄ϨΝ̄ϢΩϹ ΠϤΝΟΚΝ̄Κ̄
ΓΑΡ ΝΑϤΩΤ ΑΒΟΛ Ᾱ
34. ΠΚΩΝΤ ΓΑΡ Μ̄ΠϹϨΑΪ ΜΗϨ
+ϪΩϨΤ //Ν̄ΤΩΩΒΕ
ϤΝΑϮϹΟ Α ⳈΝ̄ΟΥϨΟΟΥ Ν̄
35. ΑΥΩ ΝϤ̄ϨΩΤΠ Ν̄ΤϤΜΝΤ
ϪΑϪΕ ⳈΑΛΛΑΟΥΕ Ν̄ϹΩΤΕ
ΟΥΔΕ ΝϤ̄ΒΩΛ ΑΒΟΛ ⳈΝ̄
ϨΑϨ Ν̄ΔΩΡΟΝ //ϪΕ
7, *1*. ΠΑϢΗΡΕ ϨΕΛΑΚ ΑΝΑϢΑ
+ϪϨΩΠ Ν̄ΝΑΕΝΤΟΛΗΥ ⳈΑϨΤΗϪ
1a. ΜΑΤΑΪΕΠΝΟΥΤΕ ΕΚΚΝΚΟΜ
+ϪΤΜΡ̄ϨΟΤΕ ϨΗΤϤ +ϪΕΟΥΪ
Μ̄ΒΛΛΑϤ' *2*. ϨΕΛΑΚ ΑΝΑΕΝΤΟ
ΛΗΥ

4. **ⳈΑ** (2ᵉ main) refait sur **Ν**; cfr *infra* **13**, *18*, **18**, *14*. — *12*. Lire **ⳈΑ**, au lieu de **ⳈΝ̄** ?; cfr A S. — *15*. **ΕΝΤΟΛΗΥ**, le **Υ** de 2ᵉ main.

⟨ⲖⲎ̄⟩
[ⲀⲨⲰ Ⲛ̄Ⲧ]⸤Ⲁ⸥ⲢⲁⲰ⁻ⳉ
[ⲧ Ⲛ̄Ⲛ]⸤Ⲁ⸥ϢⲀϪⲈ ⲀⲚⲁⲦⲎⲂⲀ Ⲛ̄
[Ⲧⳉ]Ⲉ Ⲛ̄ⲚⲒⲁⲀⲁⲞ Ⲙ̄ⲘⲎⲒ
3. [⁺]⸤ⲁ⸥ⲤⳉⲀⲒ̈ Ⲙ̄ⲘⲞⲞⲨ ⲀⲠⲰϪ9
Ⲙ̄Ⲡⲁϩⲏⲧ
4. ϪⲞ⁺Ϥ Ⲛ̄ⲦⲤⲞⲪⲒⲀ ϪⲈⲦⲁⲤⲰ
ⲚⲈⲦⲈ’ ⲀⲨⲰ ϪⲈⲦⲁⲢⲰⲘⲈ
ⲦⲈ ⲦⲘⲚⲦⲢⲘ̄Ⲛ̄ϨⲎⲦ
Ⲧ9ⲠⲞⲤ ⲆⲈ ⲚⲀⲁ *5.* ϪⲈⲤⲀϨⲈⲖ
ⲖⲀⲔ’ ⲀⲢⲞⲁ ⲀⲨϨⲤⲒⲘⲈ ⲈⲦ
ⲦⲰⲁ ⲀⲦⲈ ⲀⲨⲰ ⲈⲤϨⲞⲞⲨ
ⲈⲤϢⲀϪⲈ ⲚⲘ̄ⲘⲀⲁ ⳉⲚ̄ϨⲚ̄
ϢⲀϪⲈ Ⲛ̄ϨⲘⲞⲦ’ *6.* ⲈⲤⲔⲞϢⲦ
ⲄⲀⲢ ⲀⲂⲞⲖ ⲀⲚ̄ⳉⲒⲢ’
ϨⲈⲠϢⲰϢⲦ Ⲙ̄ⲠⲤⲎⲒ
7. Ⲡⳉⲣϣⲓⲣⲉ Ⲛ̄ⲀⲐⲎⲦ ⲈⲦⲈⲤ

1. Lacune de 5-6 lettres; ligne très courte. — *3.* ⲁⲀⲁⲞ Ⲙ̄ⲘⲎⲒ, tous les témoins ont l’équivalent du grec κόρας ὀμμάτων, A ⲀⲖⲞⲨ Ⲛ̄ⲂⲈⲖ, S ⲔⲈⲔⲈ Ⲛ̄ⲂⲀⲖ. Le scribe a-t-il mal compris ⲔⲈⲔⲈ de son modèle (cfr Crum, s.v. ⲔⲀⲔⲞ et ϢⲖⲞⲠⲖⲠ̄) ? ou a-t-il lu ϪⲈⲔⲈ (= ϪⲎϬⲈ, cfr Crum, 157*a* et 801*a* ϪⲎϬⲈ Ⲙ̄ⲘⲈ) ? — *4.* Lire Ⲁ⟨Ⲡ⟩ⲠⲰϪ9, cfr A S. — *6.* ϪⲞ⁺Ϥ, le Ⲟ sur lettre inachevée. — *12.* Lire ? ⲈⲤ⟨ϢⲀ⟩ϢⲀϪⲈ, cfr A S.

⟨Λ̄Θ̄⟩

NANAPOϤ EϤϢAT ⸢N⸣[CBΩ] *8.* EϤMOϩE ϩETN⁻ϭΛΛA M̄ΠⳉIP M̄ΠCHI' //POYϩE *9.* EϤϢAϪE ⳉM̄ΠϭAϭE MΠNE̅ EPEΠMA ϩOPϭ ϩEPOYϩE ⳉN̄OYϭAϭE' *10.* ϧAPEΘϩCIME TΩMT APOϤ ⳉN̄OYCMOT M̄ ΠOPNH' TAÏ ETϧAPTE ΦHT N̄N̄ϢHPE ϧHM ϪIϤ ϤOKC' *11.* CECΩOY ΔE AYΩ OYϢNATE' MAPENCOY PHTE KΩ ⳉM̄ΠCHI *12.* ϧAPCP̄OYOEIϢ ΓAP EC ϭΩTE ϩEBOΛ M̄ΠCHI CP̄OYOEIϢ ECKOPK ⳉAT̄ ϭΛΛA M̄ΠCHI ϪENIM ET

1. **-NAPOϤ**, cfr *supra* **6**, *8a*. — *2.* **ϩETN-ϭΛΛA**, cfr *infra* l. 16, et A **ϩAϩTEN̄KΛϪE**, S **ϩATN̄N̄KΛϪE**. Peut-être lire **-ϭΛϪA** ? — *4.* **MΠNE̅POYϩE**, cfr S **M̄ΠNAY N̄POYϩE**; voir l'Index sous **NAY**. — *8.* Lire **ETϧAP⟨C⟩TE-**. — *15-16.* Cfr *supra* l. 2-3.

⟨M̄⟩
[MOϩЄ] ˪ϩ˩ЄMΠΛATЄA
13. [M]˪N˩N̄CΩCK ⳉAPCЄMAϩTЄ
MMOϥ ⸗CϯΠI APΩϥ ϧN̄OY
ϩO N̄ATϢIΠЄ' ⸗CϫOOϥ NAϥ
14. ϫЄYΘYCIA N̄ÏPHNHKH NHI
M̄ΠOOOYTЄ //APOϫ
15. ЄTBЄΠAÏ ϩIÏ ABOΛ ATΩMT
ΦO ЄTЄÏOYAⳉϥ AÏЄÏ APOϥ
16. ϩICΩM⸗T MΠAKΛOK N̄ϩN̄K
PЄA' AÏΠΩPⳉ M̄MOϥ N̄
ϩN̄AMΦITAΠIC N̄TЄϫHMЄ
17. AÏNOYϫⳉ N̄OYKPOKOC ϩЄΠA
KΛOK' ΠAHI N̄OYKINNAMΩ̄
18. AMOY N̄TNM̄TON M̄MON M̄
ΠCNAY{C} ϧN̄OYMN̄TⳉBHP
{A}ϢATOOYЄ

4. **-ϢIΠЄ'**, **Є'** *sup. lin.* **-ϫOOϥ**, *sic.* — *6.* **-OOOY**, le 2ᵉ **O** *sup. lin.* La fin du verset, omise. — *7.* **ϩIÏ**, *sic*, cfr *infra* l. 9 : **ϩICΩM⸗T**; sur ce **ϩI-** voir l'Introduction. — *8.* Lire **AÏ⟨ϩ⟩ЄÏ**, cfr S **AÏϩЄ**, A, **AЄIϭINЄ**, εὕρηκα. — *10.* **ΠΩPⳉ**, **P** *sup. lin.* — *12.* **-NOYϫⳉ**, pour **NOYϫϩ** A, **NOYϫK** S, **NOYϫϧ** B. — *13.* **-NAMΩ⟨MO⟩N**. — *15.* **-CNAY**, **C** *sup. lin.* {**C**} gratté. — *16.* {**A**} gratté et en partie recouvert par **Ϣ**.

⟨Μ̄Ā⟩

ΑΜΟΥ Ν̄ΤΝϨΩΛΚ ⳉ̣Ν̣[ΟΥΜЄЄΙ]

19. ΠΑϨΑΪ ΓΑΡ ⳉΜ̄ΠΑΗΙ Α

ΑϤΒΩϪ ϨЄΥⳉΙΗ ЄϹΟΥΗΟΥ

20. ЄΥΟΥΝΟΥΤΩΜЄ ⳉΝ̄ΝϤΚΙϪ

ЄϤΝΑϪΩΤЄ Μ̄ΜΟϤ ΑΠϤΗΙ

ϨЄΤΝϨΝ̄ϨΟΟΥ ЄΥΗΗ̄ΟΥ

21. ΑϹΡ̄ΠΛΑΝΑ ΔЄ Μ̄ΜΟϤ

ⳉΝ̄ΟΥΝΑΚ Ν̄ϨΟΜΙΛΙΑ

ΑϹΜΟΡϤ Ν̄ϨΝΚΡΗϹΘΑΛΟΙϹ

ΑΒΟΛ ⳉΝ̄Ν̄ϹϹΠΟΤΟΥ

22. Ν̄ΤΟϤ ΔЄ ΑϤΟΥΑϨϤ Ν̄ϹΩϹ

ЄϤЭΤΡ̄ΤΟΡΤ' Ν̄ΤⳉЄ Ν̄ΟΥ

ΜΑϹ ЄΥΝΑ+ΤϤ ΑΠϤΜΑ

+ϪΟΝϹϤ //ΠΗ ΑΤϤϨЄЄ

Ï Ν̄ΤⳉЄ Ν̄ΟΥΟΥϨΟΡ ЄϤΚΗ

23. Ï Ν̄ΤⳉЄ Ν̄ΟΥЄЄΙΟΥΛ ЄΑΥ

ϢΟΚΑϤ Ν̄ΟΥϹΟΤЄ ΑΠϤ

ϨΗΠΑΡ

1. -ΟΥΜЄЄΙ], cfr le grec ἔρωτι. — *4.* Lire ЄΥ{ΟΥ}-. — 6. Lire ЄΥ⟨ΟΥ⟩-. — *9.* ΚΡΗϹΘΑΛΟΙϹ écrit d'abord ΚΛΗϹΘΑΡΟϹ; le Ρ refait sur Λ gratté, le Λ refait sur Ρ gratté, le Ι *sup. lin.*; le grec κρύσταλλος n'ayant ici aucune probabilité, nous supposerions qu'il pourrait dériver, en fin de compte, de deux mots de même sens se faisant suite (piège, embûches, filet), ΚΟΡΚϹ̄ et ΑΛΟΥ; le premier appartient au vocabulaire de P, le second figure ici en A ϨΝϨΝ̄ΑΛΟΥ. — *11.* ΟΥΑϨϤ, le Ο refait sur Α gratté.

⟨Ⲙ̄Ⲃ̄⟩

[Ⲓ̈ Ⲛ̄ⲦⳈⲈ] ⲚⲞⲨϨⲀⲖⲎⲦ ⲀⲨⲠⲀ9Ϥ
[Ⲉ]⸤Ϥ⸥ⲤⲞⲞⲨⲚⲈ Ⲁ ϪⲈⲠⲘⲀⲀ Ⲙ̄
ⲠϤⲦⲎⲨⲠⲈ //ⲀⲢⲞⲈⲒ
24. ϯⲚⲞⲨⲔ ⲠⲀϢⲎⲢⲈ ⲤⲰⲦⲘ
-ⲔϯϨⲦⲎⲔ ⲀⲚϢⲀϪⲈ Ⲛ̄ⲢⲰⲒ̈
25. ⲘⲚ̄ⲦⲈⲠⲔϨⲎⲦ ⲢⲒⲔⲈ ⲀⲚⲤ̄
ⳈⲒⲞⲞⲨⲈ’ *26*. ⲀⲤⲔⲚ̄ⲤⲞⲨⲘⲎϢⲀ
ⲄⲀⲢ ⲀⲤⲦⲈⲨⲞⲞⲨ ⲀⳈⲢⲎⲒ̈
ϨⲚ̄ⲀⲦⲦⲎⲠⲈ ⲄⲀⲢ ⲈⲦⲀⲤⲞⲨ
Ⲱ ⲈⲤⳈⲰⲦⲂ Ⲙ̄ⲘⲞⲞⲨ
27. ⲈⲚⲤⳈⲒⲞⲞⲨⲈ ⲂⲎⲔ ⲀⳈⲚ̄ ⲀⲚ
ⲎⲨ̄ Ⲛ̄ⲚⲈⲘⲚ̄ⲦⲈ ⲈⲨⲚ̄ⲚⲈ
ⲆⲈ ⲀⲠⲒⲦⲚ ⲀⲚⲦⲀⲘⲒ̈Ⲟ Ⲙ̄ⲠⲘⲞⲨ
8, *1*. Ⲛ̄ⲦⲞⲔ ⲆⲈ ⲦⲀϢⲈⲞⲈⲒϢ Ⲛ̄ⲦⲤⲞ
ⲪⲒⲀ’ ϪⲈⲢⲀⲦⲘⲚⲦⲢⲘ̄Ⲛ̄ϨⲎⲦ
ⲀⲤⲰⲦⲘ̄ ⲚⲀⲔ //ⲞⲤⲈ
2. ⲈⲤϨⲈϪⲚⲚ̄ⲔⲞⲞϨ ⲄⲀⲢ ⲈⲦϪⲞ

3. -ⲦⲎⲨ, cfr S et citation de Prov. **7**, *23*, selon Crum, 440*a*. — *11*. ⲀⳈⲚ̄, = ⲀⳈⲞⲨⲚ. — *12*. ⲈⲨⲚ̄ⲚⲈ, cfr *infra* **13**, *1* et Crum, 217*b*, sous ⲚⲀ, Ⲛ̄ⲚⲀ. — *13*. Lire ⲀⲚ̄ⲦⲀⲘⲒ̈Ⲟ⟨Ⲛ⟩. — *16*. ⲀⲤⲰⲦⲘ̄, lire ⟨Ⲛ⟩ⲀⲤⲰⲦⲘ̄; sur Ⲁ = ⲚⲀ, voir Introduction.

⟨Μ̄Γ⟩
CAϨЄ ΔЄ APATC N̄TM⸤H⸥[TЄ]
N̄⸆ⳈIOOYЄ' *3.* CKOPK ⳈA⸤T⸥[N̄]
M̄ΠHΛH N̄N̄ϪΩP //AⳈOYN
CЄCMOY APOC ⳈN̄OYMA M̄BΩϪ
4. ϮPΠAPAΛI M̄MΩTN N̄PΩMЄ
ϮTЄYO NHTN N̄TACMHH̄
N̄ϢHPЄ N̄N̄PΩMЄ
5. CЄNAPNOΪ N̄KM̄BAΛϨHT
N̄NOYMN̄TPM̄N̄ϨHT
NAΘHT Ϯ M̄ΠЄTNϨHT
6. N̄TЄTNCΩTM APOЄI
ϪЄЄЄINATЄYO ΓAP N̄ϨNCBΩ
ϪЄЄЄINAYHN̄ N̄NACΠOTOY
N̄NЄTCOYTOONT' \\ABOΛ
7. ЄPЄPΩΪ ΓAP NAMЄΛЄTA
N̄OYΠICTIC' CЄϪAⳈM ΔЄ
N̄KN̄CΠOTOY N̄KOΛ M̄
ΠAM̄TO ABOΛ' *8.* ϪЄЄPЄN

4. **ⳈN̄OY**, le **OY**, de 2ᵉ main, refait sur **M** un peu effacé. — 5. Lire **ϮP̄ΠAPA⟨KA⟩ΛI.**
— *6.* **-CMHH̄**, comme le grec.

⟨Μ̄Δ̄⟩

[ϢΑϪЄ] ΤΗΡΟΥ Ν̄ΡΩΪ ьΝ̄ΟΥΔΙ
[ΚΑ]꜀Ι꜀ΟϹΥΝΗ’ ΜΝ̄ϨΙΑ ЄϤΚΟΜΑ
[Ν̄]ьΗΤΟΥ’ ΟΥΔЄ ЄϤϪΗΥ Ν̄ΚΟΝϹ
9. ϹЄΜΠΜ̄ΤΟ ΑΒΟΛ Ν̄ΝЄΤΡ̄ΝΟΪ
ΤΗΡΟΥ’ ϹЄϹΟΥΤΟΝΤ ΔЄ
Ν̄ΝЄΤΟΥΩ9 ΑϪΙ Ν̄ΟΥΑϹΘΗϹΙϹ
10. ϯϨΗΥ ΝΑⲖ Ν̄ΟΥϹΒΩ ΟΥϨΑΤ’ Ᾱ
ϹΒΤЄΟΥϹΟΟΥΝЄ ΝΑⲖ Ν̄ϨΟΥΟ
ΑΥΝΟΥΒ ЄϤϹΟΟΤΠ
11. ΤϹΟΦΙΑ ΓΑΡ ϹΟΤΠ ϯϨΟΥΟ
ЄΙΤ’ ΑΩΩ̄ΝЄ Μ̄ΜΗΙ
ϨΝΑΥ ΝΙΒ ЄϤΤΑЄΙΟЄΙΤ Μ̄
ΠϢΑ {Ν}Μ̄ΜΟϹ Α’ *12.* ΑΝΟⲖ
ΤϹΟΦΙΑ ЄΤΑϨϹΩΝΤ Μ̄ΠϢΟϪΝЄ
ΑΝΟⲖ ЄΤΑϨⲖΩ ΝΗΙ Ν̄ΤΑϹΘΗϹ
ϹΙϹ ΜΜ̄ΠΜЄΥЄ’ *13.* ΤΜΝΤΜЄЄΙ
ΝΟΥΤЄ ΜΟϹΤЄ Ν̄ΤΚΑΚΙΑ

6. **ϹΙϹ** au-dessus de **ΘΗ**. — *8.* **Ν̄ϨΟΥΟ**, cfr l. 10-11. — *12.* **ЄϤΤΑ**, le **Τ** refait sur **Ν** gratté; **Μ̄** sur grattage. — *13.* **Α {Ν}ΜΜΟϹ**, le **Α** refait sur grattage; **{Ν}** gratté; le **Ο** refait sur grattage (**ΝΜ̄ΜΑϤ** ?).

⟨Ⲙ̄Ⲉ̄⟩
ⲤⲘⲞⲤⲦⲈ ⲞⲚ Ⲛ̄ⲞⲨϢⲰ[Ⲥ ⲘⲚ̄]
ⲚⲞⲨⲘⲚⲦϪⲀⲤⲒϨⲎⲦ
ⲘⲚ̄ϨⲚⳉⲒⲞⲞⲨⲈ ⲈⲨϨⲞⲞⲨ
ⲘⲚ̄ⲞⲨⲦⲀⲠⲢⲞ Ⲛ̄ⲔⲞⲖ
14. ⲠⲰⲒ̈ⲠⲈ ⲠϢⲞϪⲚⲈ ⲘⲘ̄ⲠⲰⲢϪ
ⲀⲚⲞⲔ ⲦⲈ ⲦⲘⲚⲦⲢⲘ̄Ⲛ̄ϨⲎⲦ
ⲦⲰⲒ̈ⲦⲈ ⲦⲔⲞⲘ //ⲦⲞⲞⲦ
15. ⲈⲚⲢⲢⲰⲞⲨ' Ⲟ ⳿ⲢⲢⲞ ⲀⲂⲞⲖ ϨⲈ
ⲈⲦⲂⲎⲎⲦ ⲈⲚϪⲰⲢ ⲈⲘⲘⲀϨⲦⲈ
Ⲙ̄ⲠⲔⲀϨ //ⲀⲒ̈ⲎⲒⲦⲈ //ⲦⲞⲞⲦ
16. ⲈⲢⲈⲚ̄ⲚⲀⲔ {....Ⲛ} ⲀⲂⲞⲖ ϨⲈ
ⲀⲨⲰ ⲈⲢⲈⲦⲎⲢⲀⲚⲚⲞⲤ ⲈⲘ
ⲘⲀϨⲦⲈ Ⲙ̄ⲠⲔⲀϨ' *17.* ⲀⲚⲞⲔ ϯⲘⲈⲒ̈
Ⲛ̄ⲚⲈⲦⲘⲈⲈⲒ Ⲙ̄ⲘⲞⲈⲒ
ⲚⲈⲦϢⲒⲚⲈ ⲆⲈ Ⲛ̄ⲤⲰⲈⲒ ⲤⲈ̄
ⲚⲀⲔⲚⲦ' *18.* ⲞⲨⲚ̄ⲦⲎⲒ ⲄⲀⲢ Ⲛ̄Ⲧ
ⲦⲘⲚⲦⲢⲘ̄ⲘⲀⲞ ⲘⲘ̄ⲠⲈⲞⲞⲨ

5. ⲘⲘ̄- refait sur Ⲱ gratté. — *6.* ⲀⲚⲞⲔ, lapsus (?) pour ⲦⲰⲒ̈; cfr tous les autres témoins. — *9.* ⲈⲦⲂⲎⲎⲦ, omis par les autres témoins. — *10.* ⲀⲒ̈ⲎⲒⲦⲈ, au dessus du grattage de ligne 11. — *11.* {.... Ⲛ} gratté. — *12.* Lire ⲈⲢⲈ⟨Ⲛ̄⟩Ⲧ-.

⟨Ⲙ̄Ⲋ̄⟩ //ⲞⲤⲨⲚⲎ
[ⲀⲨⲰ Ⲟ]⸤Ⲩ⸥Ⲧ9ⲠⲈϨⲀϨ ⲘⲚ̄ⲞⲨⲆⲒⲔ
19. [ⲚⲀ]⸤Ⲛ⸥ⲈⲦ9ⲠⲞⲈⲒ ⲚⲎⲦⲚ̄ ⁺ϨⲞⲈⲒⲦ
⸤Ⲁ⸥ⲠⲚⲞⲨⲂ ⲘⲘ̄ⲠⲰⲚⲈ Ⲙ̄ⲘⲎⲒ
ⲀⲨⲰ ⲚⲀⲚⲈⲚⲀⲄⲈⲚⲎⲘⲀ ⁺ϨⲞⲨ
ⲞⲈⲒⲦ ⲀⲠⲠϨⲀⲦ ⲈⲦⲤⲞⲦⲠ
20. ⲈⲈⲒⲘⲞϨⲈ ⲄⲀⲢ ϨⲈϨⲚ̄ⳉⲒⲞⲞⲨⲈ
Ⲙ̄ⲦⲘⲚⲦⲘⲎⲒ ⲀⲨⲰ ⲈⲈⲒⲂⲎϪ
ⳉⲚ̄ϨⲚ̄ⳉⲒⲞⲞⲨⲈ ⁺ⲦⲘⲎⲒ
21. ϪⲈϪⲀⲤ ⲈⲈⲒⲚⲀⲠⲰϢ Ⲛ̄ⲞⲨⲘ
ⲦⲘⲚⲦⲢⲘ̄ⲘⲀⲞ ⲀϪⲚⲚⲈⲦⲘ̄
ⲘⲈⲈⲒ Ⲙ̄ⲘⲞⲈⲒ' Ⲛ̄ⲦⲀⲘⲀϨ
ⲚⲞⲨⲈϨⲰⲢ Ⲛ̄ⲚⲀⲄⲀⲐⲞⲚ
21[a]. ⲈⲈⲒϢⲀⲦⲈⲨⲞ ⲚⲎⲦⲚ Ⲛ̄ⲚⲈⲦ
Ⲧ9Ⲟ⁺Ⲡ Ⲙ̄ⲘⲎⲚⲈ //ⲚⲎϨⲈ
ϮⲚⲀⲢ̄ⲠⲘⲈⲨⲈ ⲀⲠ ϪⲒⲚⲀⲚ
22. ⲀⲠⲚⲞⲨⲦⲈ ⲤⲞ⁻Ⲧ Ⲛ̄ⲦⲀⲢⲬⲎ Ⲛ̄Ⲛϥ̄

10. {Ⲧ}ⲘⲚ̄ⲦⲢⲘ̄-. — *15.* **ⲀⲠ**, cfr S **ⲈⲈⲠ**, grec ἀριθμῆσαι. — *16.* **ⲤⲞ⁻Ⲧ**, *sup. lin.*

⟨Μ̄Ζ̄⟩

ⳈΙΟΟΥⲈ ΑΝϤϨΒΗΟΥ⸤Ⲉ⸥
ⲈΜΠΑΤϤΤⲤⲈΝⲈΛΑΑΥ⸤Ⲉ⸥
23. ΑϤⲤΜΝ̄ⲤΝΤⲈ Μ̄ΜΟⲈΙ’
ⳈΑΘΗ Ν̄ΝΑΝΗϨⲈ
24. ⳈΑΘΗ ⲈΜ̄ΠΑΤϤⲤΜΝ̄ΠΣΑϨ
ΑϤΤ϶ΠΟⲈΙ ΔⲈ ⳈΑΘΗ Μ̄ΠΝΟῩ
ⲈΜΠΑΤⲈΠΗΓΗ Μ̄ΜΟΟΥ Ϊ ΑΒΟΛ
25. ⲈΜΠΑΤϤϪΡⲈΝ̄ΤΟΟΥ
ΑϤΤ϶ΠΟΪ ⳈΑΘΗ Ν̄ⲤΒ ΝΙΒ
26. ΑΠΝΟΥΤⲈ ΤⲤⲈΝΟ Μ̄ΠΣΑϨ
ΜΝ̄ΤΠⲈⲈ’ ΜΝ̄ϢΑΑΡΗϪϤ
Μ̄ΠΣΑϨ ⲈΤΚΟΡΚ ⳈΑΤΠⲈⲈ
27. ⲈϤΝΑⲤΒΤⲈΤΠⲈⲈ ΝⲈⲈΙ Ν̄
ΝΜ̄ΜΑϤΠⲈ’ ⲈϤΝΑΠΡϪ
ΠϤΘΡΟΝΟⲤ ΑΒΟΛ ϨⲈϪΝ̄
Ν̄ΤΗΥ’ *28.* ⲈϤΝΑΩΡϪ Ν̄Μ̄
ΠΗΓΗ ⲈΤⳈΑΤΠⲈⲈ

5. **ⳈΑΘΗ**, lapsus (?) pour **ⳈΝ̄ΤΑΡΧΗ**; cfr A S. — *8.* Lire **ⲈΜΠΑΤϤ ⟨ΤΑ⟩ϪΡⲈ-**. — *9.* **ⲤΒ**, lire **Ⲥ⟨Ι⟩Β⟨Τ̄⟩**; cfr A S. — *13.* **ΝⲈⲈΙ**, le premier **Ⲉ** refait sur **Ο**, ou **Ⲥ**.

⟨Ⲙ̄Ⲏ̄⟩

29. [ⲈϤⲚ]ⲀⲢϪ̄Ⲛ̄ⲤⲚⲦⲈ Ⲙ̄ⲠⳈⲀϨ
˻Ⲙ˼Ⲛ̄Ⲛ̄ⳈⲖⲞⲖⲖⲈ ⲈⲦⲚϨⲢⲎⲒ
30. ⲚⲈⲈⲒ ⲚⲘ̄ⲘⲀϤⲠⲈ' ⲈⲈⲒⲤⲞ̈Ⲃ
ⲦⲈ ⲚⲀϤ //ⲚⲘⲘⲎⲒ
ⲀⲚⲞⳈⲠⲈ ⲈⲦⲈⲚⲈϤⲢⲀϢⲈ
ⲚⲈⲈⲒⲈⲨⲪⲢⲀⲚⲈ ⲆⲈ Ⲙ̄ⲘⲎ
ⲚⲈ ⲚⲘ̄ⲘⲀϤ Ⲙ̄ⲠϤⲘ̄ⲦⲞ ⲀⲂⲞⲖ
⸗ⲞⲨⲞⲈⲒϢ ⲚⲒⲂ
31. ⲚⲈϤⲈⲨⲪⲢⲀⲚⲈ ⲆⲈ Ⲛ̄ⲦⲀⲢϤ̄
ϪⲰⳈ ⲀⲂⲞⲖ Ⲛ̄ⲦⲈⲔⲞⲨⲘⲈⲚⲎ
ⲈϤⲚⲀⲈⲨⲪⲢⲀⲚⲈ ⲀϪⲚⲚ̄
ϢⲎⲢⲈ Ⲛ̄ⲚⲢⲰⲘⲈ
ⳈⲀⲢⲈⲚϤ̄ⲈϨⲰⲢ ⲆⲈ ⲦⲈⲚ
ⲢⲰⲘⲈ ⲢⲀϢⲈ //ⲀⲢⲞⲒ
32. ϯⲚⲞⲨⲔ̣ ⲚⲀϢⲎⲢⲈ ⲤⲰⲦⲘ̄
ϯϨⲦⲎⲦⲚ ⲀⲠϢⲀϪⲈ Ⲛ̄ⲦⲀⲤⲂⲰ
Ⲛ̄ⲦⲈⲦⲚⲦⲘ̄Ⲣ̄ⲠⲂⲞ Ⲛ̄ⲀϪⲠⲒⲞ

8. ⸗ ajouté (?), dans la marge. — *11*. **ⲈϤⲚⲀ-** (mélange de **ⲚⲈϤ** et de **ⲚⲀϤ**); l'imparfait **ⲚⲈϤ-** se lit chez les autres témoins ici comme dans les incises précédentes. — *17*. Lire **-ⲠⲂⲞ⟨Ⲗ⟩**.

ⲘⲐ (overlined)

ϪⲈⲈⲦⲈⲦⲚⲀⲢ̄ⲞⲨⲚ⸤ⲀⲔ⸥ [Ⲛ̄ⲀϨⲈ]
ⲀⲨⲰ Ⲛ̄ⲦⲈⲦⲚⲢ̄ⲤⲞⲪⲞⲤ
{ⲘⲚ̄Ⲣ̄ⲠⲂⲞⲖ Ⲛ̄ⲚⲀϪⲠⲒⲞ}
34. ⲚⲈⲈⲈⲒⲀⲦϤ Ⲙ̄ⲠⲢⲰⲘⲈ ⲈⲦⲚⲀ
ⲤⲰⲦⲘ̄ Ⲛ̄ⲤⲰⲈⲒ ⲘⲘ̄ⲠⲢⲰⲘⲈ
ⲈⲦⲚⲀϨⲈⲖⲀⲔ' ⲀⲚⲀⳈⲒⲞⲞⲨⲈ
ⲈⲦⲞ Ⲛ̄ⲞⲨ9Ⲏ Ⲛ̄ⲢⲞÏⲤ ϨⲈⲢⲚ̄
ⲚⲀⲢⲰⲞⲨ Ⲙ̄ⲘⲎⲚⲈ
ⲈϤϨⲈⲖⲀⲔ Ⲁ⸗ⲞⲨⲔⲢⲞ Ⲛ̄
ⲚⲀⲘⲀ ⸗Ⲛ̄ⲚⲒ ⲀϨⲞⲨⲚ
35. ⲚⲀⳈⲒⲞⲞⲨⲈ ⲄⲀⲢ ϨⲚ̄ⳈⲒⲞⲞⲨⲈ
Ⲛ̄Ⲱ⸗ⳈⲚⲈ //ϨⲈⲦⲘⲠϪⲞÏⲤ
ⲈⲠⲞⲨⲰ9 ⲄⲀⲢ ⲤⲞⲂⲦⲈ ⲀⲂⲞⲖ
ⲈⲠⲞⲨⲢⲞⲦ ⲆⲈ Ⲛ̄ⲚⲎⲨ ⲀⲂⲞⲖ
ϨⲈⲦⲘⲠⲚⲞⲨⲦⲈ ⲘⲚ̄ϨⲰⲂ
ⲚⲒⲂ ⲈⲦⲤⲞⲦⲠ *36.* ⲚⲈⲦϪⲒ ⲆⲈ
Ⲙ̄ⲘⲞÏ Ⲛ̄ⲔⲞⲚⲤ ⲤⲈⲚⲀⲢ̄ⲠⲖⲀⲦⲈ

3. Ligne grattée, cfr p. 46, l. 17. — *4.* Ϥ *sup. lin.* — *6.* Ⲧ, sur Ⲛ gratté. — *13.* Lire ⲈⲠ⟨Ⲁ⟩ⲞⲨⲰ9; cfr A S. — *14.* Ⲛ̄ⲚⲎⲨ écrit d'abord Ⲛ̄ⲚⲎ; la 2ᵉ main a intercalé une hampe dans le Ⲏ, et ajouté à la hampe de droite les deux branches du Ⲩ. — *17.* -ⲠⲖⲀⲦⲈ = ⲂⲖⲀⲂⲦⲈ.

⟨Ν̄⟩
[Ν̄ΝΟΥ]ΨΥΧΗΥ ΝⲈΤΜΟⲤ
[ΤⲈ] ΜΜΟⲈΙ ⲈΥΟ Ν̄9ΒΗΡ ΑΠΜΟΥ
9, *1*. [Α]ΤⲤΟΦΙΑ ϪΩΤ Ν̄ΟΥΗΙ ΝΑⲤ
ⲈϤΤΑϪΡΟⲈΙΤ Ν̄ⲤΑ9Ϥ Ν̄ⲤΤΥΛΟⲤ
2. ΑⲤϢΩΩΤ Ν̄ΝⲤϢΩΩΤ ΑⲤ
ΚⲈΡΑ Μ̄ΠⲤΗΡΠ ΑΥϨΝΑΑΥ
ΑⲤⲤΟΒΤⲈ Ν̄ΝΟΥΤΡΑΠΙΖⲈ
3. ΑⲤϪΟΟΥ Ν̄ΝⲤ̄ⳈΜ̄ⳈΑΛ ⲈⲤΜΟΥ
ΤⲈ ⳈΝΟΥΝΑΚ Ν̄ΤΑϢⲈΟⲈΙϢ
ⲈⲤϪΩ Μ̄ΜΟϤ ϨⲈϪΜΠϨΝΑΑΥ
4. ϪⲈΠΑΤΘΗΤ ⲈΤΝⳈΤΤΗΝⲈ
ΜΑΡϤΡΑϪΤϤ ϢΑΡΟⲈΙ
ⲈⲤΤⲈ ΠΑϪΑⲤ Ν̄ΝⲈΤϢΑ+Τ
Ν̄ΤⲤΒΩ' *5*. ϪⲈΑΜΗⲈΙΝ Ν̄ΤⲈ
ΤΝ̄ΟΥΩΜ' ΑΒΟΛ ⳈΝΑΟⲈΙϪ
Ν̄ΤⲈΤΝⲤⲈΠΗΡΠ ⲈΤΑΪΚⲈΡΑ
Μ̄ΜΟϤ

4. Ν̄ⲤΤΥΛΟⲤ, le **Υ** *sup. lin.* — *11*. Lire ? **ⲈΤΝ̄Ⳉ⟨Η⟩ΤΤΗΝⲈ**. — *15*. **ⳈΝ̄Α-**; **Α** = **ΝΑ**, voir l'Introduction.

⟨Ⲛ̄Ⲁ̄⟩ *6.* ϬⲰ Ⲛ̄ⲤⲰⲦⲚ Ⲛ̄ⲦⲘⲚⲦⲀ[ⲐⲎⲦ] ϪⲈⲈⲦⲈⲦⲚⲀⲰ'Ⳉ Ⲛ̄ⲦⲈ Ⲉ̄ⲦⲚϢⲒⲚⲈ Ⲛ̄ⲤⲈⲦⲘⲚⲦⲢⲘ̄ Ⲛ̄ϨⲎⲦ ϪⲈⲈⲦⲈⲦⲚⲀⲢ̄ⲀϨⲈ ϪⲈⲈⲦⲈⲦⲚⲀⲤⲚ̄ⲞⲨⲚ̄ⲦⲘⲚⲦ ⲢⲘ̄Ⲛ̄ϨⲎⲦ ⳈⲚ̄ⲞⲨⲤⲞⲞⲨⲚⲈ ⲘⲈⲨⲈ ⲀⲦⲤⲂⲰ ⳈⲚ̄ⲞⲨⳈⲒⲎ ⲈⲤⲤⲞⲨⲦⲞⲞⲚⲦ *7.* ⲠⲈⲦϮⲤⲂⲰ Ⲛ̄ⲚⲈⲐⲞⲞⲨ ⲈϤ ϪⲒ ⲚⲀϤ Ⲛ̄ϨⲚ̄ϢⲰⲤ ⲈⲢⲈⲠⲔⲰϢⲦ ⲀⲂⲞⲖ ϨⲎⲦϤ Ⲙ̄ⲠϢⲰⲤ Ⲛ̄ⲚⲎⲨ ⲀϪⲚⲚⲈⲐⲞⲞⲨ ϨⲚ̄ⲚⲈⲖ'ⲖⲀϬⲎⲘⲈ ⲆⲈⲚⲈ Ⲛ ϪⲠⲒⲞ Ⲙ̄ⲠⲀⲤⲈⲂⲎⲤ' *8.* ⲘⲚ̄ϪⲠⲒ ⲈⲚⲈⲐⲞⲞⲨ ϪⲈⲚⲞⲨⲘⲤⲦⲰϬ

3. Ⲉ̄ sur grattage. — *11.* Lire ⲈⲢⲈⲠ⟨ⲈⲦ⟩ⲔⲰϢⲦ.

⟨ⲚⲂ̄⟩

[ϪΠΙ]ЄΟΥϹΑΒЄ ⲚΤΑΡϤⲘⲚ̄ΡΙΤⳀ

9. ⸤Ϯ⸥ΤΑΦΟΡΜΗ Ⲛ̄ΟΥϹΟΦΟϹ

Ⲛ̄ΤΑΡϤⲢ̄ϨΟΥЄϹΟΦΟϹ

ΜΑΤΑΜЄΠΔΙΚΟϹ Ⲛ̄ΤΑΡϤ

Ⲣ̄ϿΡΠⲚ̄ϹΟΟΥΝЄ ⲚϨΟΥΟ

10. ΤΑΡΧΗ Ⲛ̄ΤϹΟΦΙΑΤЄ ΤΜΝΤ

ΜЄЄΙΝΟΥΤЄ

ΤΜΝΤΡⲘ̄Ⲛ̄ϨΗΤ ΔЄ Ⲛ̄ΝЄΤΟΥ

ΑΑΒΠЄ ΠϿΡΠⲚ̄ϹΟΟΥΝЄ

10a. ΠΑΥϨΗΤ ΔЄ ЄΝΑΝΟΥϤ

ΠЄ ΠⲢ̄ΝΟЄΙ Ⲙ̄ΠΝΟΜΟϹ

11. ⳈⲘ̄ΠΙϹΜΟΤ ΓΑΡ ⳀΝΑΡΟΥΝ

ΝΑΚ Ⲛ̄ΝΑϨЄ' Ⲛ̄ϹЄΥΩϨ ΑΡΟⳀ

ⲚϨⲚ̄ΡΟΜΠЄ Ⲛ̄ΝΩ⸗Ⳉ

12. ΠΑϢΗΡЄ ЄⳀϢΑΡϹΟΦΟϹ

ЄⳀΝΑΪΡЄ ΝΑⳀ ΜⲚ̄ΝЄΘЄΤΟΥΩⳀ

16. **-ΩⳀ** final, *sup. lin.*

⟨Ν̄Γ̄⟩
Є9ΩΠЄ ΔЄ ЄⳁϢΑΘΟ˪Ο˩ [ЄⳁΝΑ]
ϹΤΠΠЄΘΟΟΥ ΝΑⳁ ΟΥΑΑ[Τⳁ̄]
12a. ΠЄΤΑϪΡΟ Μ̄ΜΟϤ ΑϪΝϨΝ̄
ΚΟΛ ЄΠΑΪ ΜΟΝЄ Ν̄ϨΝΤΗΥ
ΑΥΩ ЄϤΠΗΤ ϹЄϨΝ̄ϨΑΛΑΤЄ
ЄΥϨΗΛ’ *12b*. ΑϤⳁΩ ΓΑΡ Ν̄ϹΩϤ Ν̄Ν̄
ⳉΙΟΟΥЄ Μ̄ΠϤΜΑ Ν̄ΝЄΛΟΛЄ
ΑϤΡ̄ΠΩΒ9 Ν̄Ν̄ⳉΙΟΟΥЄ Ν̄
ΤϤϹΩ9Є Μ̄ΜΙΝ Μ̄ΜΟϤ
12c. ЄϤΜΟϨЄ ΔЄ ϨЄΤΝΟΥϪΑΪЄ
Ν̄ΑΤΜΟΥ //ЄϤϢΗϤ
ΑΥΩ ϨЄΤΝ̄ΟΥΜΑ Ν̄ΙΒЄ
ЄϤϹΩΟΥϨ Ν̄ΝΟΥϢΩΩϤΑ
ΝΑϤ ΑⳉΟΥΝ ⳉΝ̄Ν̄ϤΚΙϪ
13. ΟΥΝ̄ΟΥϨϹΙΜЄ Ν̄ΝΑ9ΤΜ̄
ΜЄ Ν̄ΝΑΘΗΤ ΝΑΡ̄ΚΡΩϨ
Μ̄ΠΟЄΙⳁ

1. ΘΟ˪Ο˩, S ΘΟ, A ΤϨΟ. — *3*. Lire ΠЄ⟨Τ⟩Τ-. — *6*. Ρ *sup. lin.* — *10*. ΟΥ, *sup. lin.* — *11*. Lire Ν̄ΑΤΜ⟨Ο⟩ΟΥ; grec ἀνύδρου; cfr A S. — *13*. ϢΩΩϤΑ, le second Ω fait de Ϣ (la queue grattée).

⟨Ⲛ̄Ⲇ̄⟩
[ⲦⲀⲒ ⲈⲦ]ⲈⲤⲞⲞⲨⲚⲈ Ⲁ Ⲛ̄ϢⲒⲠⲈ
14. [ⲀⲤϨ]⌞Ⲙ⌟ⲀⲤⲦ ϨⲈⲨⲦⲀⲔⲤ ϨⲈⲢⲘⲠⲢⲞ
⌞Ⲙ⌟ⲠⲤ̄ⲎⲒ //ⲦⲈⲀ
ⲈⲤⲞⲨⲞⲚϨ ⲀⲂⲞⲖ ⳈⲚ̄Ⲙ̄ⲠⲖⲀ
15. ⲈⲤⲘⲞⲨⲦⲈ ⲀⲚⲀⲒ̈ ⲈⲦⲠⲀⲢⲀⲄⲈ
ⲈⲦⲤⲞⲨⲦⲞⲚⲦ’ ⳈⲚ̄ⲞⲨⳈⲒⲞⲞⲨⲈ
ⲈⲤϪⲰ Ⲙ̄ⲘⲞϤ *16.* ϪⲈⲠⲀⲦⲐⲎⲦ
ⲈⲦⳈⲚ̄ⲦⲎⲚⲈ ⲘⲀⲢϤⲢⲀϬⲦϤ
ϢⲀⲢⲞⲈⲒ’ ϮⲞⲨⲀϨⲤⲀⲚⲈⲔ
ⲈⲈⲒϪⲰ Ⲙ̄ⲘⲞϤ Ⲛ̄ⲚⲈⲦϢⲀⲦ
Ⲛ̄ⲦⲤⲂⲰ *17.* ϪⲈⲨⲰⲘ Ⲛ̄ⲞⲨⲞⲈⲒϬ
ⲈϤϨⲎⲠ ⳈⲚ̄ⲞⲨⲞⲨⲢⲞⲞⲦ
ⲘⲚ̄ⲞⲨⲘⲞⲞⲨ Ⲛ̄ϪⲒⲞⲨⲈ ⲈϤϨⲞⲖⲔ
18. ϤⲤⲞⲞⲨⲚⲈ ⲆⲈ Ⲁ ϪⲈⲈⲢⲈⲚ̄
ⲢⲰⲘⲈ ⲘⲞⲨ ⳈⲀϨⲦⲎⲤ
ⲀⲨⲰ ⲈⲤⲦⲰⲘⲦ’ Ⲙ̄ⲘⲞⲞⲨ

1. Lire Ⲉ⟨Ⲥ⟩ⲤⲞⲞⲨⲚⲈ. — *5.* Ⲓ̈ *sup. lin.* — *6.* Défaut du parchemin au début de la ligne; lire ⳈⲚ̄⟨Ⲛ⟩ⲞⲨ-. — *8.* ⲢⲀϬⲦϤ, le Ⲧ refait sur grattage. — 9. Lire ϮⲞⲨⲀϨⲤⲀ⟨Ϩ⟩ⲚⲈ. — *13.* ϨⲞⲖⲔ, le Ⲗ *sup. lin.*

⟨Ν̄Ε̄⟩
ΑΜΠΑ9Ϥ Ν̄ΝΕΜΝ̄⸤Τ⸥[Ε]
18a. ΑΛΛ ΠΩΤ' ΑΠΟΥΕΕ ⁺ϪΤΜ
ΩϹϪ ⳈΑϨΤΗϹ' ΜΝ̄ϹΜΝ̄ΝϪ̄
ΒΕΛΛ ΑⳈΟΥΝ ⳈΝ̄ϨΡΑϹ
18b. ΤΑΪ ΓΑΡΤΕ ΤⳈΕ ΕΤΕΚ
ΝΑϪΝ̄ΪΟΟΡ Ν̄ΟΥΜΟΟΥ
ΕΠΩϪ ΑΠΕ
ΠΕΤⳈΝΟ ΓΑΡ Μ̄ΜΟϤ ΑⳈΝ̄
ΑΡΟϹ ϤΝΑΒΩϪ ΑⳈΡΗΙ ΑΕΜΝ̄ΤΕ
ΠΕΤΝΑϹΕϨΩϤ ΔΕ ΑΒΟΛ
ϤΝΑΥϪΗΪΤΕ' ΑΥΩ ϤΝΑ
Ω⁺Ⳉ ΑΥΟΕΙϢ Ν̄ϢΑΝΗϨΕ
ϪΝΑϪΝ̄ΪΟΟΡ Ν̄ΟΥΜΟΟΥ
Ν̄ϢΜ{.}ΜΟ' *18c*. ϹΕϨΩΩϪ ΔΕ
ΑΒΟΛ Ν̄ΟΥΜΟΟΥ ΕΠΩϪ ΑΠΕ
ΜΝ̄ϹΩ ⳈΝ̄ΟΥΠΗΓΗ Ν̄ϢΜΜΟ

8-12. Pour conserver la teneur de A S, les lignes 8 à 12 devraient s'insérer page 54, ligne 1, après **Ν̄ΑϨΕ**. — *9*. **ΤΕ** au-dessus de **ΜΝ̄**. — *10*. **ϹΕ**, *le* **Ε** *sup. lin.* — *12*. **ΑΥΟΕΙϢ**, lire **⟨Ν̄ϨΟΥΟ⟩ ΑΥΟΕΙϢ**, cfr A; ou **ΑΥ⟨ΟΥ⟩ΟΕΙϢ**, cfr S. — *14*, {.} gratté. — *15*. //**ΠΕ** final *sup. lin.* — *16*. **ΜΟ** au-dessus du **Μ** précédent.

⟨Ν̄Ϛ̄⟩
18d. [ϪЄλ]⸤ΑΡ⸥ΟΥΝΑΚ Ν̄ΑϩЄ' Ν̄СЄ
[ΟΥ]Ω ΑΡΟλ Ν̄ϩΝ̄ΡΟΜΠЄ Ν̄Ω⸗ⳉ
10, *1*. ⸤ϧ⸥ΑΡЄΟΥϢΗΡЄ Ν̄СΟΦΟС
ЄΥΦΡΑΝЄ Μ̄ΠϤΪΩΤ
ΟΥΛΥΠΗ Ν̄ΤϤΜΑΥΠЄ Υ
ΟΥϢΗΡЄ Ν̄ΑΤΘΗΤ //ΜΟС
2. ΝЄϩΩΡ ΝΑϯϩΗΥ Α Ν̄ΝΑΝΟ
ϧΑΡЄΤΔΙΚΟСΥΝΗ ΔЄ
ΝΟΥϩΜ̄ ΑΒΟΛ ϩЄΤΜ̄ΠΜΟΥ
3. ΠϪΟЄΙС ΝΑΜΟΥΤ'ΟΥΨΥΧΗ
Ν̄ΔΙΚΟС Ᾱ ⳉΑΠϩλΟΟ̄
ϤΝΑΟΥΩΛС ΔЄ Μ̄ΠΩ⸗ⳉ
Ν̄Ν̄ΑСЄΒΗС //ΠΡΩΜЄ
4. ϧΑΡЄΤΜΝΤΘΗλЄ ΘΒ̄Ϊ̄Є
ϧΑΡЄΝ̄ΚΙϪ Ν̄Ν̄ϪΩΡ Ρ̄Μ̄
ΜΑΟ' *4a*. ΟΥΝ̄ΟΥϢΗΡЄ ЄϤ
ΤСЄΒΟЄΙΤ ΝΑΡСΟΦΟС

2. Lire [ΟΥ]Ω⟨ϩ⟩, cfr A et S (Zoéga). **ΑΡΟλ**, A S ont **ΑΡΑϤ** (**ЄΡΟϤ**). — *5*. Le **Υ** final est à supprimer. — *9*. **ϩЄΤΜ̄-**, *lapsus* pour **ⳉΜ̄** ? — *15*. Lire **⟨Ρ̄⟩ΡΜ̄-**. — *17*. **Ρ** *sup. lin.*

⟨Ⲛ̄Ⲍ̄⟩
ϤⲚⲀⲢ̄ⲬⲢⲰϨ ⲆⲈ Ⲛ̄Ꝁ⌞Ⲡ⌟[... ?]
Ⲱ̄ ⲢⲘ̄ⲈϤϢⲘϢⲈ //ⲘⲀ
5. ϤⲚⲀⲨϪⲎⲒ̈ⲦⲈ ⳉ{Ⲣ}Ⲛ̄ⲞⲨⲔⲀⲨ
Ⲛ̄ꝀⲞⲨϢⲎⲢⲈ Ⲛ̄ⲤⲀⲂⲈ
ⲞⲨⲚ̄ⲞⲨϢⲎⲢⲈ ⲆⲈ ⲘⲠⲀⲢⲀⲚⲞⲘⲞⲤ
ⲚⲀϨϨⲰⲰⲘ̄ ⳉⲘ̄ⲠⲰⲰⲤⳉ
5a. ϤⲚⲀⲤⲰⲞⲨϨ ⲀⳉⲞⲨⲚ ⳉⲘ̄ⲠϢⲰⲘ
ⲠϪⲠⲒⲎⲦ ⲆⲈ ⲚⲀϢⲰⲤⲘ̄ ⳉⲘ̄
ⲠⲰⲤⳉ *6.* ⲈⲢⲈⲠⲤⲘⲞⲨ Ⲙ̄
ⲠϪⲞⲈⲒⲤ ϨⲈϪⲚ̄ⲦⲀⲠⲈ Ⲙ̄ⲠⲆⲒ
ꝀⲞⲤ ⲞⲨⲚⲞⲨϨⲎⲂⲈ ⲆⲈ
ⲚⲀϨⲂⲤⲦⲀⲠⲢⲞ Ⲛ̄Ⲛ̄ⲀⲤⲈⲂⲎⲤ
+ⲔⲦⲞⲔ' *7.* ⲞⲨⲤⲞⲈⲒⲦ ⲈⲚⲀ
ⲚⲞⲨϤⲠⲈ ⲠⲢ̄ⲠⲘⲈⲨⲈ Ⲙ̄
ⲠⲆⲒⲔⲀⲒⲞⲤ ⲠⲢⲒⲚ ⲆⲈ Ⲛ̄
Ⲛ̄ⲀⲤⲈⲂⲎⲤ ⲚⲀϨⲰⲰⲦⲘ
8. ⲠⲤⲞⲪⲞⲤ ⳉⲘ̄ⲠϤϨⲎⲦ ⲚⲀ

1-2. Ⲛ̄Ꝁ⌞Ⲡ⌟[ⲀⲐⲎⲦ] ? ou Ⲛ̄Ꝁ⌞Ⲡ⌟[ⲈⲦ- suivi d'un verbe terminé par -ⲰⲢⲘ̄ (ϪⲰⲢⲘ̄, ⲈⲒⲰⲢⲘ̄) ? Texte fautif; cfr A S ϤⲚⲀⲬⲢⲰ ⲆⲈ Ⲙ̄ⲠⲀⲐⲎⲦ ϨⲰⲤ ⲢⲈϤϢⲘ̄ϢⲈ; les surcharges et grattages de cette page révèlent un scribe distrait. — *3.* {Ⲣ} gratté. — *5.* ϢⲎⲢⲈ, *sup. lin.* — *6.* ϨϨⲰⲰⲘ, représente un sahidique ϨⲰⲰⲘⲈ. — *7.* Ϥ, en marge. — *7-9.* Le verset *5a* (cfr Vulg.) est un doublet de 5. — *12.* Lire ⟨Ⲧ⟩ⲦⲀⲠⲢⲞ; le Ⲣ refait sur Ⲉ gratté; le Ⲟ *sup. lin.* — *13.* +ⲔⲦⲞⲔ, cfr *infra* **11**, *30*; A S Ⲛ̄ϢⲀⲢⲀϨⲈ. — *16.* ϨⲰⲰⲦⲘ̄, lire ? ϥⲰⲦⲘ̄, ou ϨⲰϬⲘ̄; cfr S ϪⲈⲚⲀ, σβεννύναι.

⟨Ν̄Η̄⟩ [{ΝΑ}ϢΩ]⸤Π⸥ ΑΡΟϤ ΝΤΕΝΤΟΛΗ [ΠΕ]ΤϢΤΡΤΟΡ ΔΕ ⳈΝ̄Ν̄Ϥ̄ ⸤C⸥ΠΟΤΟΥ ΚΟΟΥΚ Ν̄ΝΑϨΕ *9.* ΠΕΤΜΟϨΕ ⳈΝ̄ΟΥΜΝΤ ΒΑΛϨΗΤ’ ΕϤΜΟϨΕ ⳈΝ̄ΟΥ ΤΑϪΡΟ’ ΠΕΤΤϬΤΟ ΔΕ ΑΒΟΛ Ν̄ΝϤ̄ⳈΙΟΟΥΕ ΝΑΥ ΟΥΩΝϨ ΑΒΟΛ’ *10.* ΠΕΤϪΩΡΜ̄ Ν̄ΝϤ̄ΒΕΛΛ ⳈΝ̄ΟΥϬΡΟϤ ΝΑ ΣΟΥϨΟΥΛΥΠΗ ΑⳈΟΥΝ̄ Ν̄ Ν̄ΡΩΜΕ’ ΠΕΤϪΠΙΟ ΔΕ ⳈΝ̄ ΟΥΩΝϨ ΑΒΟΛ ΝΑΑΪΤΟΥ Ν̄ ΝΙΡΗΝΗ *11.* ΕΡΕΤΠΗΓΗ Μ̄ ΠΩ+Ⳉ ⳈΝ̄ΤΚΙϪ Μ̄ΠΔΙΚΟC ΠΤΕϬΟ ΔΕ ΝΑϨΩΒC̄ Ν̄ΤΑ ΠΡΟ Ν̄Ν̄ΑCΕΒΗC

1. La lacune paraît contenir 4 lettres **[{ΝΑ}ϢΩ]**; le **ΝΑ** répété de p. 55. — *3.* **ΚΟΟΥΚ**, lire **⟨ΕϤ⟩ΚΟΟΥΚ**. **-ϨΕ**, lire **ϨΕΕ**, ou **ϨΕΕΙ**, voir l'Index. — *7.* Le **Υ** final, à supprimer. — *12.* Lire **⟨ΟΥ⟩ΟΥΩΝϨ**. — *15.* **Ω**, *sup. lin.* **Ν̄ΤΑ**, lire **Ν̄⟨Τ⟩ΤΑ**.

⟨Ν̄Θ̄⟩

12. 9ΑΡЄΠΜΟϹΤЄ ΤΟΥ[Ν̄Ϲ]
ΟΥϯΤΩΝ’ ΟΥΟΝ ΔЄ ΝΙΒ
ЄΤЄΝϹЄϪΙ Α Ν̄ΚΟΟΝϹ
ΤΜΝΤ9ΒΗΡ ΝΑϨΟΒϹΟΥ
13. ΠЄΤϯ ΔЄ Ν̄ΟΥϹΟΦΙΑ
ΑΒΟΛ ьΝ̄ΡΩϤ ЄϤΡΩϨΤ
Ν̄ΟΥΡΩΜЄ Ν̄ΑΘΗΤ ьΝ̄
ΟΥΚЄΡΩΒ’ //ΠΟΥϢΩϹ
14. Ν̄ϹΟΦΟϹ ΝΑϨΩΒϹ Μ̄
ΤΤΑΠΡΟ ΔЄ Ν̄9ΤΡϯΙΡ
ΝΑьΩΝ ΑьΟΥΝ ΑΠΟΥьΩϢϤ
15. ΠΤ9ΠΟ Ν̄ΟΥΡΜ̄ΜΑΟ ΠЄΥ
ΠΟΛΙϹ ЄϹϪΟΟΡ
ΠьΩϢϤ ΔЄ Ν̄Ν̄ΑϹЄΒΗϹ
ΤЄ ΤΤΜΝΤϨΗⲗЄ
16. 9ΑΡЄ ΝϨΒΗΥЄ Μ̄ΠΔΙΚΟϹ
Τ9ΠЄΠΩ⁻ь

5. ΠЄΤϯ ΔЄ, lire ? ΠЄϯΝЄ; cfr A S ΠЄΤЄΙΝЄ, et *infra* p. 58 l. 7, ΝЄΤϯΝЄ. — *11.* ьΩϢϤ corrigé de ϢΩϹ; ь *sup. lin.*, Ω fait de Ϣ partiellement gratté, Ϣ fait de Ω complété, Ϥ fait de Ϲ complété. — *12.* ΠΤ écrit d'abord Π, puis 3ᵉ jambage ajouté dans la marge gauche. — *16.* Au-dessus de ΝϨ, on devine un ⲗ, effacé ?

⟨Ξ̄⟩
[N̄KA]⌞P⌟ΠOC ΔЄ N̄NACЄBHC
[N]⌞Є⌟ NOYNOBЄ *17.* 9APЄTCBΩ
⌞Ϩ⌟ЄΛAK AьIOOYЄ M̄ΠΩΩ⁻ь
TCBΩ ΔЄ ЄTЄMΠOYϪΠIOC
P̄ΠΛANA’ *18.* 9APЄϨNCΠOTOY
M̄MHI ϨΠ’OYMNTϪAϪЄ
ϨN̄ATΘHT ΔЄNЄ NЄTϮ ⫽OY
NЄ N̄ϨN̄CAϨOYЄ ABOΛ ьN̄PΩ
19. ABOΛ ьN̄ϨAϨ N̄ϢAϪЄ NΣ̄
ΣPBOΛ ANOBЄ’ ЄΣϮCO ΔЄ
ANΣ̄CΠOTOY ΣNAP̄PM̄N̄ϨHT
20. OYϨAT ЄϤCOTΠΠЄ ΠΛAC
N̄N̄ΔIKAIOC ⫽ΩϪN
ΦHT ΔЄ N̄N̄ACЄBHC NA
21. N̄CΠOTOY N̄N̄ΔIKOC COOYNЄ N̄
NЄTϪOOCЄ’ ЄYNAMOY ΔЄ
N̄KNAΘHT ьN̄OYPKPΩϨ
22. ΠCMOY M̄ΠNOYTЄTЄ TMNT

3. **AьIOOYЄ** = **AN̄ь-** (**A** = **AN**, voir Introduction). — *4.* **M** *sup. lin.* — *15.* **ΔIKOC** *sup. lin.* — *17.* **ьN̄OYP**, le **P** *sup. lin.* — *18.* Second **TЄ** ajouté sous la ligne.

⟨Ζ̄Ā⟩
ΡΜ̄ΜΑΟ' ΟΥΔΕ ΝΟΥΩΩ˻Ϩ˼ [ΑΡΟϤ]
Ν̄ΟΥΛΥΠΗ ⳈΜ̄ΠϤϨΗΤ
23. ϢΑΡΕΠΑΘΗΤ ⳈΜ̄ΠϤСΩΒΕ
ΪΡΕ Ν̄ΝΟΥΜΝΤϢΑϤΤ
ϢΑΡΕΤСΟΦΙΑ ΔΕ ΤϢΠΕ
ΤΜΝΤСΑΒΕ Μ̄ΠΡΩΜΕ
24. ΕΡΕΠΑСΕΒΗС ϤΙ ⳈΑΠΤΕϪΟ
ΝΕΠΙΘΥΜΙΑ Ν̄ΝΔΙΚΟС
СΟΤΠ' *25.* ΠΑСΕΒΗС ΝΑΤΕϪΟ
ⳈΝ̄ΟΥⳈΕΤΗΥ ΕСΜΟϨΕ
ΠΔΙΚΟС ΔΕ ΝΑΡΑϪΤϤ ΑΒΟΛ
Μ̄ΜΟС' *26.* Ν̄ΤⳈΕ Ν̄ΟΥΕΛ⁺Λ
ϨΜϪ ΕΤΕϢΑΡϤΡ̄ΒΟΝΕ
Ν̄ΝΟΒϨΕ
ΜΝ̄ΟΥΚΑΠΝΟС Ν̄Μ̄ΒΕΛΛ
ΤΑΪΤΕ ΤⳈΕ Ν̄ΤΠΑΡΑΝΟ
ΜΙΑ Ν̄ΝΕΤϯΡΕ Μ̄ΜΟС

1. Au lieu de ΤΜΝΤΡΜ̄ΜΑΟ, A et S ont ΠΕΤΡ̄ΡΜΜΑΟ, leçon susceptible de rendre compte de ΑΡΟϤ et de ⳈΜ̄ΠϤϨΗΤ. ΟΥΔΕ *sup. lin.* Lire ΝΟΥ⟨ΟΥ⟩-. — *12.* Après Μ̄ΜΟС, A S Ν̄ϤΟΥϪΑΪ ϢΑΕΝΕϨ (ligne omise ?).

⟨Ⲝ̄Ⲃ̄⟩

27. [ⳊⲀⲢⲈⲦ]ⲘⲚⲦⲘⲈⲈⲒⲚⲞⲨⲦⲈ
[ⲞⲨ]⸤Ⲱ⸥Ϩ ⳈⲚ̄ⲞⲨⲚⲀⲔ Ⲛ̄ⲀϨⲈ
⸤Ⲛ⸥ⲢⲞⲘⲠⲈ ⲆⲈ Ⲛ̄Ⲛ̄ⲀⲤⲈⲂⲎⲤ
ⲚⲀⲤⲂⲞϪ //ⲆⲒⲔ̣ⲞⲤ
28. ⳊⲀⲢⲈⲠⲞⲨⲚⲞϤ ⲰⲤϪ ⲘⲚ̄Ⲛ̄
ⲐⲈⲖⲠⲒⲤ Ⲛ̄Ⲛ̄ⲀⲤⲈⲂⲎⲤ ⲚⲀⲦⲈϪⲞ
29. ⲠϪⲒⲤⲈ Ⲙ̄ⲠⲈⲦʼⲞⲨⲀⲀⲂⲠⲈ Ⲧ
ⲐⲢ̄ⲦⲈ Ⲙ̄ⲠϪⲞⲈⲒⲤ
ⲞⲨⳈⲰϢϤ ⲆⲈⲠⲈ Ⲛ̄ⲚⲈⲦ
ⲦⲢϨⲰⲂ ⲀⲚⲠⲈⲐⲞⲞⲨ
30. ⲘⲀⲢⲈⲠⲆⲒⲔ̣ⲞⲤ ⲈⲒ ⲀⲠⲀϨⲞⲨ
ϢⲀⲀⲚⲎϨⲈ ⲚⲀⲤⲈⲂⲎⲤ ⲆⲈ
ⲚⲀⲨⲰϨ Ⲁ̄ ϨⲈϪⲘ̄ⲠϪⲀϨ
31. ⲦⲦⲀⲠⲢⲞ ⲆⲈ Ⲛ̄Ⲛ̄ⲆⲒⲔ̣ⲞⲤ
ⲚⲀⲨⲰⲚϨ {ⲞⲨ} ⲀⲂⲞⲖ Ⲛ̄ⲦⲤⲪⲒⲀ

15. {ⲞⲨ} *sup. lin.* (effacé ?). ⲤⲪⲒⲀ *sic*, cfr p. 18, l. 16.

⟨Ⲝ̄Ⲅ̄⟩

ⲠⲖⲀⲤ ⲆⲈ Ⲛ̄ⲚⲢⲘ̄ⲈⲦϪ⸤Ⲓ⸥ ⸆ⲄⲔⲞⲞⲚⲤ ⲚⲀⲦⲈϬⲞ *32.* Ⲛ̄ⲤⲠⲞⲦⲞⲨ Ⲛ̄ⲚⲢⲘ̄ⲘⲎⲒ ⲤⲞⲞⲨⲚⲈ ⲚϨⲚ̄ⲬⲀⲢⲒⲤ ⲦⲦⲀⲠⲢⲞ ⲆⲈ Ⲛ̄ⲚⲀⲤⲈⲂⲎⲤ ⲚⲀϢⲞⲢϢⲢ [11, *4*.] ⲘⲚ̄ⲬⲢⲎⲘⲀ ⲚⲀϮϨⲎⲨ ⳈⲚ̄Ⲛ̄ϨⲞⲞⲨ Ⲛ̄ⲦⲞⲢⲄⲎ ϢⲀⲢⲈⲦⲆⲒⲔⲞⲤⲨⲚⲎ ⲆⲈ ⲦⲞⲨϪⲞ ⲀⲂⲞⲖ ϨⲈⲦⲘⲠⲘⲞⲨ 11, *1.* ϨⲘ̄ⲂⲞⲦⲈ Ⲙ̄ⲠⲘ̄ⲦⲞ ⲀⲂⲞⲖ Ⲙ̄ ⲠϪⲞⲈⲒⲤⲚⲈ ϨⲚ̄ϪⲒϬϬⲢⲞϤ ⲠϢⲒ ⲆⲈ Ⲙ̄ⲘⲎⲒ ⲤⲞⲦⲠ Ⲛ̄ⲚⲀϨ ⲢⲀϤ’ *2.* ⲠⲘⲀ ⲈⲦⲈⲢⲈⲠϢⲰⲤ ⲚⲀ ⲂⲰϬ ⲀⳈⲚ ⲀⲢⲞϤ ⲈⲦⲈⲠϬⲈⳈ ⳈⲰϢϤ Ⲙ̄ⲘⲀⲨ’ ⲦⲦⲀⲠⲢⲞ Ⲛ̄ ⲚⲈⲦⲐⲂⲒ̈ⲞⲈⲒⲦ ⲚⲀⲘⲈⲖⲈⲦⲀ Ⲛ̄ⲦⲤⲞⲪⲒⲀ

2. ⸆ ajouté dans la marge de gauche. — *3.* Lire, -ⲢⲘ̄⟨Ⲙ̄⟩ⲘⲎⲒ. — *6-9* = Chap. **11,** *4* de Vulg. — *9.* ϨⲈⲦⲘ-, pour (?) ⳈⲘ̄-. — *11.* Lire ϨⲚ̄ϢⲒ Ⲛ̄ϬⲢⲞϤ (ζυγοὶ δόλιοι); cfr A S. — *14.* ⲈⲦⲈ-, lapsus pour ⲈⲢⲈ-; cfr A S.

⟨ⲝ̄ⲇ̄⟩

[ΤΜ]⌞Ν⌟ΤΒΑΛϨΗΤ Ν̄ΝЄΤϹΟΥ

[Τ]⌞Ο⌟ΝΤ ΝΑϪΙΜΟЄΙΤ ϨΗΤΟΥ

3. ЄϢΑΠΔΙΚΟϹ ΜΟΥ 9ΑΡΟΥ

ϢΝϨΤΗΥ ⳉΑΡΟϤ

9ΑΡΟΥΪΑΤΟΟΤΟΥ Ν̄ΤΟϤ

Ν̄ϹЄΠΤЄƨΟ Μ̄ΠΑϹЄΒΗϹ

ΑΥΩ 9ΑΡΟΥΡΑϢЄ Μ̄ΜΟϤ

5. ΤΔΙΚΟϹΥΝΗ Μ̄ΠЄΤΟΥ

ΑΑΒ ΝΑϹΟΟΥΤΝ̄ Ν̄ΝϤⳉΙΟΟΥЄ

ΠϪΝΝΚΟΟΝϹ ΔЄ Ν̄ΝΗΥ

ΑϨΡΗΙ ΑΥΤΜΝΤ9ΑϤΤ

6. ΤΔΙΚΟϹΥΝΗ Ν̄Ν̄ΡΩΜЄ

ЄΤϹΟΥΤΟΟΝΤ ΝΑΤΟΥϪΟΟΥ

ЄΜ̄ΠΑΡΑΝΟΜΟϹ ΔЄ ΝΑ

ΤЄƨΟ ⳉΝ̄ΤΟΥΜΝ̄Τ'ΑΤ

ϢΟϪΝЄ

manque un folio (p. ⲝ̄ⲉ̄ - ⲝ̄ⲋ̄)

10. **ΠϪΝΝ-**; les 2 **Ν** accolés (un trait vertical commun); lire **ΠϪΙΝ-**. — *11.* **ΑϨΡΗΙ**, est sahidique; lire avec A **ΑⳉΡΗΙ**; lire **ΑΥ{Τ}ΜΝ̄Τ-**. — *15-16.* **-ΑΤϢΟϪΝЄ**; cfr var. gr. ἀβουλεία.

⟨Ξ̄Ζ̄⟩

ϪΕΕϤΜΕΥΕ Ν̄Τ⌞Ϲ⌟[ΜΗ Ν̄Ν̄]
ϨΒΗΥΕ Μ̄ΠΩΡϪ ΑΒΟΛ
16. 9ΑΡΕΥϨϹΙΜΕ' ΕΥΝ̄ΤϹ[ϨΜΟΤ]
ΤΟΥΝϹ̄ΟΥΕΟΟΥ Μ̄ΠϹϨΑΪ
ΟΥΘΡΟΝΟϹ ΔΕ Ν̄ϹΩΩϤ ΠΕΥ
ϨϹΙΜΕ ΕϹΜΟϹΤΕ Ν̄ϨΜ̄
ΜΝΤΜΗΪ ΠΡΜ̄'ΕΤϪΝΑΑΥ
ΝΑΡΚΡΩϨ Ν̄ΤΜΝΤΡΜ̄ΜΑΟ
17. ΟΥΡΩΜΕ Ν̄ΝΑΗΤ' ΕϤΡ̄
ΑΓΑΘΟΝ Ν̄ΤϤΨΥΧΗ
ΠΑΤΝΑΕ ϨΩϤ ΝΑΤΕϪΟ
Μ̄ΠϤϹΩΜΑ' *18.* 9ΑΡΕΠΑϹΕ
ΒΗϹ Ρ̄ϨΝ̄ΒΗΥΕ Ν̄ϪΙΓΚΟΟΝϹ
ΕΡΕΠΕΤϢΟ ΔΕ Ν̄ΤΔΙΚΟ
ϹΥΝΗ Ρ̄ϨΩΒ ΝΑϤ ΑΤΠΙϹΤΙϹ

1. **Ϥ**, de 2e main sur **Υ**; **ΕϤΜΕΥΕ**, lapsus pour **ΕϤΜΟϹΤΕ** (lapsus en sens inverse *infra*, **12**, 2), cfr A S. Le scribe paraît fort distrait, car ligne 2 **ΠΩΡϪ ΑΒΟΛ** est un non-sens, puisqu'il s'agit de **ΩΡϪ** (= ἀσφάλεια) et non de **ΠΩΡϪ ΑΒΟΛ** (= séparation). — 5. **Ν̄ϹΩΩϤ**, paraît suspect, S ayant **Ν̄ϹΩϢ**, A **Ν̄ϢΩϹ** et gr. ἀτιμία. — *8.* Après **-ΡΜ̄ΜΑΟ**, omission par *homoeoteleuton* : **⟨Ν̄ϪΩΩΡ ΔΕ ΝΑΤΑϪΡΟ ⳉΝ̄ΤΜΝ̄ΤΡΜ̄ΜΑΟ⟩**. — *13.* Lire **Ρ̄ϨΝ̄⟨Ϩ⟩ΒΗΥΕ**. — *14.* **ΠΕΤϢΟ**, lapsus pour **ΠΕΤϪΟ**, cfr *infra*, p. 64, l. 15. — *15.* **ΑΤΠΙ-**, **Τ** *sup. lin.*; **Π** refait sur un **Τ**.

⟨Ⲝ̄Ⲏ̄⟩
[ⲞⲨⲂⲈΣ]⌞Ⲉ⌟ Ⲙ̄ⲘⲎⲒⲠⲈ ⲠⲤⲠⲈⲢⲘⲀ
[Ⲛ̄Ⲛ̄Ⲇ]ⲒⲔⲞⲤ’ *19.* ⲞⲨⲦЭⲠⲞ Ⲛ̄ⲞⲨ
⌞Ϣ⌟ⲎⲢⲈ Ⲛ̄ⲆⲒⲔⲞⲤⲠⲈ ⲠⲰ⁺Ь
ⲠⲆⲒⲰⲄⲘⲞⲤ ⲆⲈ Ⲙ̄ⲠⲀⲤⲈ
ⲂⲎⲤⲠⲈ ⲠⲘⲞⲨ
20. ϨⲚ̄ⲀⲔⲀⲐⲀⲢⲦⲞⲤ ⲚⲀϨⲢⲘ̄
ⲠⲚⲞⲨⲦⲈⲚⲈ ⲚⲚⲀЭⲦϨⲎⲦ
ⲞⲨⲂⲞⲦⲈ Ⲙ̄ⲠϪⲞⲈⲒⲤⲠⲈ ⲠⲈ
ⲦⲔⲞⲞⲘⲈ ϨⲈⲦϤЬⲒⲎⲎ̄ⲨⲈ
ⲤⲈϢⲎⲠ ⲆⲈ Ⲛ̄ⲚⲀϨⲢⲀϤ Ⲛ̄Ⲕ
ⲞⲨⲞⲚ ⲚⲒⲂ ⲈⲦⲞⲨⲀⲀⲂ ϨⲈⲦⲞⲨЬⲒⲎ
21. ⲠⲈⲦⲚⲀϢⲠⲦⲞⲞⲦϤ Ⲛ̄ⲞⲨⲈⲒ
ЬⲚ̄ⲞⲨϪⲒⲄⲔⲞⲚⲤ ⲚϤ̄ЭⲰⲠⲈ
ⲈϤⲞⲨⲀⲀⲂ ⲀЬⲒⲤⲈ
ⲠⲈⲦϪⲞ ⲆⲈ Ⲛ̄ⲞⲨⲆⲒⲔⲞⲤⲨⲚⲎ

3. Ⲇ, refait sur un Ⲉ. — *8-9.* Conforme à S; manque en A. — *9.* ϨⲈⲦϤЬⲒⲎⲎ̄ⲨⲈ, ⲨⲈ rajouté de 1re main (?); forme incorrecte, lire ϨⲈⲚϤЬⲒⲎⲎ̄ⲨⲈ, ou avec S ϨⲈⲦϤЬⲒⲎⲎ̄. — *14.* Lire (?) ⟨Ⲁ⟩ ⲀЬⲒⲤⲈ.

⟨Ξ̄Θ̄⟩

ΝΑϪΕΙ{Ν}ΟΥΒΕⲖΕ [Μ̄ΠΙϹΤΙϹ]
22. Ν̄ΤⳈΕ Ν̄ΟΥΚΑϪΕ ΕϤ[ⳈΜ̄ΠϢΑ]
ΪΤϹ Ν̄ΟΥΕϢΩ ΤΑΪΤΕ
ΘⳈΕ Μ̄ΠϹΑΕ Ν̄ΟΥϨϹΙΜΕ
ΕϹΒΟΟΝΕ' *23.* ΝΑΝΕΠΟΥΩ9
ΤΗΡϤ Ν̄Ν̄ΔΙΚΟϹ
Ν̄ⳈΙΟΟΥΕ ΔΕ Ν̄Ν̄ΑϹΔΙΚΟϹ ϨΟΟΥ
24. ΟΥΝ̄ΠΕΤϪΟ Ν̄ΝΟΥϤ ΜΜΙΝ Μ̄
ΜΟϤ ΕΥΡ̄ϨΟΥΟ ΝΑϤ
ΟΥΝΝΕΤϹΩΟΥϨ ϨΩΟΥ ΑⳈΟΫ
ΑΥΩ ΕΥϢΑΑΤ *25.* ΤΨΥΧΗ ΔΕ
ΕΤΕΥϹΜΟΥ ΑΡΟϹ ΡΟΟΥΤ
ΝΑΝΕΟΥΡΩΜΕ ΔΕ Ā
Ε9ΑΡϤ̄ΚΩΩΝΤ
26. ΠΕΤΤ-ΠϹΟΥΟ ΑⳈΟΥΝ 9ΑΡΕ
ΠΜΗϢΑ ϹϨΟΥΩΩΡϤ

1. -ϪΕΙ{Ν}-, le Ε refait sur un Ι, le Ν pointé au-dessus. — *7.* Ν̄ⳈΙΟΟΥΕ, le Ε *sup. lin.* -ΑϹΔΙΚΟϹ, hésitation entre ΑϹΕΒΗϹ de S et ΑΔΙΚΟϹ de A. — *15.* ΠΕΤΤ-Π-, cfr S ΠΕΤΕΤΠ-, A ΠΕΤΩΤΠ.

⟨Ⲟ̄⟩
[ⲠⲈⲤⲘⲞⲨ Ⲛ̄]ⲚⲎⲨ ⲀϪⲚⲦⲀⲠⲈⲈ̄
[Ⲙ̄ⲠⲈⲦ]ϯ' *27*. ⲠⲈⲦⲘⲈⲨⲈ ⲀⲠⲠⲈ
[ⲦⲚ]ⲀⲚⲞⲨϤ ⲈϤϢⲒⲚⲈ Ⲛ̄ⲤⲈ
[Ϩ]ⲚⲬⲀⲢⲒⲤ ⲈⲚⲀⲚⲞⲨⲞⲨ
ⲠⲈⲐⲞⲞⲨ ⲆⲈ ⲚⲀⲦⲈϨⲈ
ⲚⲈⲦϢⲒⲚⲈ Ⲛ̄ⲤⲰⲞⲨ
28. ⲠⲈⲦϪⲰ ⲆⲈ Ⲛ̄ϨⲦⲎϤ ⲀⲨ
ⲘⲚⲦⲢ̄Ⲙ̄ⲘⲀⲞ Ⲛ̄ⲀϨⲈⲈⲒ
ⲠⲈⲦⲚⲀⲀⲒ̈ ⲆⲈ Ⲛ̄Ⲛ̄ϨⲎϪⲈ
ⲤⲈⲚⲀⲢ̄ⲘⲀⲔⲀⲢⲒⲤ Ⲙ̄ⲘⲞϤ
ⲠⲈⲦϪⲰⲦ Ⲙ̄ⲠϤⲎⲒ ⳉⲚ̄ⲞⲨⲬⲒⲄ
ⲔⲞⲚⲤ ⲈϤⲚⲀϪⲀϨⲚ̄Ⲙ̄ϪⲀϨ
Ⲛ̄ϨⲎⲦ Ⲛ̄ⲚϤ̄ϢϢⲢⲎⲨ
29. ⲠⲈⲦⲈⲘⲀϤϢⲈⲈⲒ ⲆⲈ ⲠϤ
ⲎⲒ ⲚⲀⲢ̄ⲔⲖⲎⲢⲞⲚⲞⲘⲒ̈ Ⲛ̄ϨⲚ
ⲦⲎⲨ' ⲠⲀⲐⲎⲦ ⲆⲈ ⲚⲀⲢ̄ⳉⲘⳉⲀⲖ
Ⲙ̄ⲠⲤⲀⲂⲈ

3. **Ⲟ**, sur lettre triangulaire : **Ⲁ** ? — *5*. Lire **⟨Ⲙ̄⟩ⲠⲈⲐⲞⲞⲨ**, cfr A S. — *14*. Lire **⟨ⲘⲚ̄⟩ⲠϤ**, cfr A S.

⟨Ō̄Ā⟩

30. ΟΥΝ̄ΟΥϢΗΝ Ν̄Ω⌞ϯ⌟[ⳉ ΑΒΟΛ]
ⳉΜ̄ΠΚΑΡΠΟϹ Ν̄ΤΔΙΚ̣[ΟϹΥΝΗ]
ϹЄΝΑΜΜΟΥΤ ΔЄ Ν̄Μ̄Ψ⌞Υ[ΧΗ]
Ν̄Μ̄ΠΑΡΑΝΟΜΟϹ Ν̄ΚΤΟΟ⌞Κ⌟
31. ЇΠЄ ΜΟΓЄΙϹ Ν̄ΤЄΥΔΙΚ̣ΟϹ
Ωϯⳉ ЇΑ ΡЄΠΡΜ'ЄΤΡΝΟΒЄ
ΜΜ̄ΠΑϹЄΒΗϹ Ν̄ΝЄ ΑΤΟΥ
12, *1.* 9ΑΡЄΠЄΤΜЄЄΙ Ν̄ΤϹΒΩ
ΜΝ̄ΡЄΤΑϹΘΗϹΙϹ //ΜΠϪΠΙΟ
ΟΥΑΘΗΤ ΔЄΠЄ ΠЄΤΜΟϹΤЄ
2. ΝΑΝЄΠЄΤΑϨϨЄЄΙ ΑΥϨΜ̄
ΜΟΤ ΝΑϨΡΜ̄ΠΝΟΥΤЄ
ΝЄΥΡΩΜЄ ЄϤΜΟϹΤЄ Μ̄
ΠЄΘΟΟΥ Ρ̄ΠΑΡΑΝΟΜΙ
3. ΜΝ̄ΡΩΜЄ ΔЄ ΝΑϹΟΟΥΤΝ
ΑΒΟΛ ⳉΝ̄ΝΑΝΟΜΟϹ

4. ⌞**Κ**⌟ plus probable que ⌞**Υ**⌟ ou **Ⲗ**; cfr *supra* **10,** *6*, **ϯΚΤΟΚ**. — *5.* **ЇΠЄ**, cfr A **ϨΠЄ** (**ЄΙϨΠЄ**), S **ЄϢϪЄ**. — *6.* Lire **ЇΑ** (= **ЄΙΑ**) **⟨Α⟩ΡЄΠ**-. — *7.* **Ν̄ΝЄ**, cfr Crum, 217*b*, sous **ΝΑ, Ν̄ΝΑ**; **ΑΤΟΥ**, lire (?) **ΑΤΟΝ** (A[2]). — *13.* **ΝЄΥ**-, lire **ЄΡЄΥ**-, cfr A S. **ΜΟϹΤЄ**, lapsus pour -**ΜЄΥЄ**; cfr *supra* **11,** *15* le lapsus en sens inverse **ΜЄΥЄ** pour **ΜΟϹΤЄ**. — *16.* -**ΑΝΟΜΟϹ**, comme S.

⟨Ο̄Β̄⟩

[N̄NOYNN]⸤Є⸥ N̄N̄ΔIKOC NAΠΩPϪ A
4. [OYϪΛO]M M̄ΠCϨAÏ ΠЄYϨCIMЄ
[N̄Δ]⸤I⸥KOC N̄TⳈЄ N̄OYϤϤNT̄
[Є]⸤C⸥ⳈN̄OY9ЄЄ' TAÏTЄ TTⳈЄ
TЄYN̄NOYϨCIMЄ ЄCBOONЄ
NATЄϪO M̄ΠCϨAÏ' *5.* ϨN̄ϨAΠ
NЄ MЄYЄ N̄N̄ΔIKAIOC
9APOYPϨMMЄ ΔЄ N̄N̄ACЄ
BHC ⳈN̄OYϢAϬЄ
6. TTAΠPO N̄N̄ΔIKOC NATOYϬOOY
OYϪPOϤ ΔЄTЄ TAΠPO N̄N̄ACЄBHC
7. ΠACЄBHC NATЄϪO ⳈMΠMAA
ЄTЄϤNAϪOTϤ APOϤ //ABOΛ
N̄HY̅ ΔЄ N̄N̄ΔIKOC NAMOYN
8. 9APЄN̄PM̄N̄ϮMЄ M̄ΠPM̄N̄
ϨHT CMOY ATϤTAΠΠPO
9APOYKΩMϢ ΔЄ N̄N̄KABϨHT

1. **A** final *sup. lin.* sur **P**. — *2.* **ΠC**, le **C** refait sur **Ϥ** gratté. **Y** *sup. lin.* — *4.* **[Є]⸤C⸥**, le **C** assez lisible; A S **ЄϤ**. — *5.* Lire **⟨Є⟩TЄY-**. — *7.* Lire **⟨M̄⟩MЄYЄ**. — *8.* Lire **N̄⟨K⟩N̄AC-**. — *9.* **-ϢAϬЄ**, cfr A **KPAϤ**, S **KPOϤ**, gr. δόλους var. λόγοις; lire (?) **ⳈN̄OYϢAϬЄ ⟨N̄KPOϤ⟩**, ou **ⳈN̄OYϢOϬNЄ ⟨N̄KPOϤ⟩**, cfr Vulg. *consilia fraudulenta.* — *11.* Lire **⟨T⟩TAΠPO**. — *17.* **-KΩMϢ**, pour **ϪΩMϢ**.

⟨ŌΓ̄⟩

9. ΝΑΝЄΥΡΩΜЄ ЄϤΟ ˻Ν˼[ⳈΜ̄ⳈΑΛ]
ΝΑϤ ΟΥΑΑΤϤ ⳈΝ̄ΟΥϢΩ[C]
ΘΟΥΡЄΥΪ ЄϤϮЄΟΟΥ ΝΑϤ [ΟΥΑ]
ΑΤϤ ЄϤΡ̄ΚΡΩϨ Μ̄ΠΟЄΙϪ
10. 9ΑΡЄΠΔΙΚΟC ΝΑЄ Ν̄ΤΨΥΧΗ
Ν̄ΝϤΤΒΝΟΟΥЄ
ϨΝ̄ΑΤΝΑЄ ΔЄΝЄ ΜΜΝΤϢΑΝ
ϨΤΗϤ Ν̄ΝΑCЄΒΗC //ΟЄΙϪ
11. ΠЄΤΡϨΩΒ ΑΠϤϪΑϨ ΝΑCΙ Ν
ΝЄΠΗΤ ΔЄ Ν̄CЄϨΜΠЄΤϢΟΥ
ЄΙΤ ϨΝΑΤΤCΒΩΝЄ
11ᵃ. ΠЄΤΟΥΝΟϤ ϨΡΗΙ ⳈΝ̄ΝϤΜΑ
Ν̄CЄΗΡΠ ϤΝΑϪΩ Ν̄ΟΥϢΩC
ⳈΝ̄ΝϤΜΑ Ν̄9ΩΠЄ //ϨΟΟΥ
12. ΝЄΠΙΘΥΜΙΑ Ν̄ΝΑCЄΒΗC
ЄΡЄΤΝΟΥΝΝЄ ΔЄ Ν̄ΝΡΜ̄Ν̄
ΝΟΥΤЄ ⳈΝ̄ΟΥΤΑϪΡΟΟ

2. Lire ⟨ЄϤ⟩ⳈΝ̄-. — *3.* ΘΟΥΡЄΥΪ, cfr *infra* **15**, *16*, ΘΟΥΡЄΥΝΑΚ. Ce ΘΟΥΡ(Є) correspond à A Ν̄ϨΟΥΟ et S ЄϨΟΥЄ; le mot est inconnu de CRUM. — *10.* Lire ΝЄ⟨Τ⟩ΠΗΤ. — *12.* ϨΡΗΙ, comme S ϨΡΑΪ; il faudrait Ν̄ⳈΡΗΙ comme chez A. ⳈΝ̄ΝϤΜΑ, lire ⳈΝ̄Ν̄{Ϥ}ΜΑ.

⟨Ⲟ̄Ⲇ̄⟩
13. [ⲠⲢⲘ̄ⲈⲦⲢ̄]ⲚⲞⲂⲈ ⲚⲀⲈⲈⲒ ⲀⲨⲠⲀ9Ϥ
[ⲈⲦⲂⲈⲘ̄]ⲘⲚⲦⲘⲚⲦⲢⲈ Ⲛ̄ⲚϤ̄ⲤⲠⲞⲦⲞⲨ
[ⲠⲆⲒ]⸤Ⲕ⸥ⲞⲤ ⲆⲈ ⲚⲀⲢⲂⲞⲖ ⲀⲢⲞϤ{Ⲩ}
13ª. [ⲤⲈ]ⲚⲀⲚⲀⲈ Ⲙ̄ⲠⲈⲦϮ Ⲛ̄ϨⲦⲎϤ
⸤Ⲛ̄⸥ϨⲞⲨⲞ’ ⲚⲈⲦⲰⲘⲦ ⲆⲈ ϨⲈⲢⲚ̄Ⲙ̄
ⲠⲨⲖⲎ ⲚⲀⲐⲖⲒⲂⲈ Ⲛ̄ⲞⲨⲮⲨⲬⲎⲨ
14. ⲠⲈⲦⲚⲀⲚⲞⲨϤ ⲚⲀⲤⲒ ⲀⲂⲞⲖ ⳈⲚ̄
Ⲛ̄ⲔⲀⲢⲠⲞⲤ Ⲛ̄ⲦⲀⲠⲢⲞ Ⲛ̄Ⲛ̄ⲢⲰⲘⲈ
ⲤⲈⲚⲀϮ ⲆⲈ ⲚⲀϤ Ⲙ̄ⲠⲦⲞⲨⲈⲒⲞ
Ⲛ̄ⲚϤ̄ⲤⲠⲞⲦⲞⲨ’ *15.* Ⲛ̄ⳈⲒⲞⲞⲨⲈ Ⲛ̄
ⲀⲐⲎⲦ ⲤⲞⲨⲦⲞⲚⲦ Ⲙ̄ⲠⲞⲨⲘⲦⲞ ⲀⲂⲞⲖ
9ⲀⲢⲈⲠⲤⲞⲪⲞⲤ ⲆⲈ ⲤⲰⲦⲘ̄
Ⲛ̄ⲤⲈϢⲞϪⲚⲈ’ *16.* 9ⲀⲢⲈⲠⲀⲐⲎⲦ
ⲆⲈ ϪⲈⲦϤϨⲞⲢⲄⲎ Ⲙ̄ⲘⲎⲚⲈ
9ⲀⲢⲈⲠⲤⲀⲂⲈ ϨⲰϤ ϨⲰⲠ Ⲙ̄ⲠϤ
ϢⲰⲤ’ *17.* 9ⲀⲢⲈⲠⲆⲒⲔⲞⲤ ⲦⲈⲨ
ⲞⲞ̄ Ⲛ̄ⲞⲨⲠⲒⲤⲦⲒⲤ ⲈⲤⲞⲨⲞⲚϨ
ⲀⲂⲞⲖ

1. Lire ⲚⲀ⟨Ϩ⟩ⲈⲈⲒ; cfr A S. — *2.* -ⲦⲢⲈ, *sup. lin.* — *3.* ⲚⲀⲢⲂⲞⲖ, le Ⲣ *sup. lin.* ⲀⲢⲞϤ{Ⲩ}, de ⲀⲢⲞⲞⲨ (A S); le Ϥ refait sur le 2ᵉ Ⲟ, le Ⲩ gratté. — *5.* Lire ⲚⲈ⟨Ⲧ⟩ⲦⲰⲘⲦ. — *6.* -ⲐⲖⲒⲂⲈ, grec ἐκθλίβειν; A S -ⲤⲀⲚϨ, ⲤⲀⲚϢ, qui suppose ⲦⲘ̄ⲘⲞ au lieu de ⲐⲘ̄ⲔⲞ. Ⲛ̄ⲞⲨⲮⲨⲬⲎⲨ, le Ⲩ final à supprimer, ou lire Ⲛ̄⟨Ⲛ⟩ⲞⲨ-, cfr p. 78, l. 2. — *7-8.* Présentent un texte bouleversé qu'on pourrait rétablir ainsi : ⟨Ⲛ̄ⲮⲨⲬⲎⲨ⟩ Ⲛ̄Ⲛ̄ⲢⲰⲘⲈ ⲚⲀⲤⲒ ⟨Ⲙ̄⟩ⲠⲈⲦⲚⲀⲚⲞⲨϤ ⲀⲂⲞⲖ ⳈⲚ̄Ⲛ̄ⲔⲀⲢⲠⲞⲤ Ⲛ̄⟨Ⲧ⟩ⲦⲀⲠⲢⲞ. — *8.* Lire Ⲛ̄⟨Ⲧ⟩ⲦⲀⲠⲢⲞ. — *11.* Lire ⟨Ⲛ̄⟩ⲀⲐⲎⲦ. ⲀⲂⲞⲖ, *sup. lin.* — *13.* Lire Ⲛ̄ⲤⲈ⟨Ⲛ̄⟩ϢⲞϪⲚⲈ.

⟨ⲟ̄ⲉ̄⟩

ⲞⲨϬⲢⲞϤ ⲆⲈⲦⲈ ⲦⲘ[ⲚⲦⲘⲚ̄] ⲦⲢⲈ ⳉⲚ̄ⲞⲨϪⲒⲄⲔⲞⲞⲚ[ⲤⲈ] *18.* ⲞⲨⲚⲈⲦϢⲀϪⲈ ⲈⲨⲞ ⲚⲐ.ⳉ.[Ⲉ] ⲚϨⲚ̄ⲤⲎϤⲈ' ⲈⲨϬⲰⲰⲚⲤ ⳋⲀⲢⲈⲖ̄ⲖⲀⲤ ⲆⲈ ⲚⲚ̄ⲤⲞⲪⲞⲤ ⲘⲈⳋⲎⲖ' *19.* ⳋⲀⲢⲈϨⲚ̄ⲤⲠⲞⲦⲞⲨ ⲘⲘⲎⲒ̈ ⲤⲞⲨⲦⲚⲞⲨⲘⲚⲦⲘⲚ̄ ⲦⲢⲈ ⲠⲈⲦⲢⲘⲚ̄ⲦⲢⲈ ⳉⲚ̄ ⲞⲨⲒ̈ⲰⲤ' ⲞⲨⲚ̄ⲦϤ ⲞⲨⲖⲀⲀⲤ ⲚϪⲒⲄⲔⲞⲚⲤ' *20.* ⲞⲨϬⲢⲞϤⲠⲈ ⲈⲦⳉⲘⲪⲎⲦ ⲘⲠⲈⲦⲘⲈⲨⲈ ⲀϨⲘ̄ⲠⲈⲦⲐⲞⲞⲨ ⲚⲈⲦⲢϢⲞϪⲚⲈ ⲆⲈ ⳉⲚ̄ⲞⲨⲒ̈ ⲢⲎⲚⲎ ⲤⲈⲚⲀⲈⲨⲪⲢⲀⲚⲈ' *21.* ⲘⲚ̄ⲖⲀⲀⲨⲈ ⲚϪⲒⲄⲔⲞⲚⲤ ⲚⲀ ⲢⲈⲚⲀϤ ⲘⲠⲆⲒⲔⲀⲒⲞⲤ

3. Lire ⲞⲨⲚ̄⟨Ⲛ⟩ⲈⲦ-. — *6.* ⲘⲈⳋⲎⲖ, *sic*; cfr A S ⲦⲀϬⲞ, ⲦⲀⲖϬⲞ, gr. ἰᾶσθαι.

⟨ⲟ̄ⲋ̄⟩
[Ⲛ̄ⲀⲤⲈⲂ]⌞Ⲏ⌟Ⲥ ⲆⲈ ⲚⲀⲘⲞⲨ ⳉⲘ̄ⲠⲞⲨ
[ⲠⲈⲦ]⌞Ⲑ⌟ⲞⲞⲨ' *22.* ϨⲘ̄ⲂⲞⲦⲈ ⲚⲀϨ
[ⲢⲘ̄]⌞Ⲡ⌟ϪⲞⲈⲒⲤⲚⲈ ϨⲚ̄ⲤⲠⲞⲦⲞⲨ ⲚⲔⲞⲖ
[Ⲡ]ⲈϮⲢⲈ Ⲛ̄ⲦⲠⲒⲤⲦⲒⲤ ϢⲎⲠ Ⲛ̄ⲚⲀϨⲢⲀϤ
23. ⲞⲨⲐⲢⲞⲚⲞⲤ Ⲛ̄ⲀⲤⲐⲎⲤⲈⲒⲤ ⲠⲈⲨ
ⲢⲰⲘⲈ Ⲛ̄ⲤⲀⲂⲈ' ⲪⲎⲦ ⲆⲈ Ⲛ̄ⲀⲦ
ⲐⲎⲦ ⲚⲀⲦⲰⲘⲦ' ⲀϨⲚⲤⲀϨⲞⲨⲈ
24. ⲦⲔⲒϪ Ⲛ̄Ⲛ̄ⲤⲰⲦⲠ ⲚⲀⲈⲘⲀϨⲦⲈ
{ⳉ}Ⲛ̄ⲞⲨⲦⲀϪϪⲢⲞ' //9ⲰⲖ
⸗ϪⲢⲞϤ ⲆⲈ ⲚⲀ9ⲰⲠⲈ ⳉⲚ̄ⲞⲨ
25. 9ⲀⲢⲈⲨϢⲀϪⲈ Ⲛ̄ϨⲢⲦⲈ 9ⲦⲢ
ⲦⲢⲪⲎⲦ Ⲛ̄Ⲡ̄ⲢⲰⲘⲈ
9ⲀⲢⲈⲞⲨⲰϨ ⲆⲈ ⲈⲚⲀⲚⲞⲨϤ
ⲈⲨⲪⲢⲀⲚⲈ Ⲙ̄ⲘⲞϤ
26. 9ⲀⲢⲈⲨⲆⲒⲔⲞⲤ ⲞⲨⲞⲚϨϤ ⲀⲂⲞⲖ
Ⲙ̄ⲠϤ9ⲂⲎⲢ

6. Lire ⟨Ⲛ̄⟩Ⲛ̄ⲀⲦ-. — *9.* {ⳉ} barré, mais à tort, cfr A S. ϪϪ refaits sur ⲠⲠ (ⳉⲚ̄ⲞⲨⲦⲀⲠⲠⲢⲞ). — *12.* Ⲡ̄ sur Ⲛ̄ gratté (Ⲛ̄Ⲛ̄ⲢⲰⲘⲈ). — *13.* Lire 9ⲀⲢⲈ⟨ⲞⲨ⟩ⲞⲨⲰ{ϩ}; cfr A S, gr. ἀγγελία. — *15.* ⲞⲨⲞⲚϨϤ, le 2ᵉ Ⲟ minuscule intercalé au bas de la ligne. — *15-16.* Texte différent de A, mais conforme à S.

⟨ŌZ̄⟩
TЬIH ΔЄ N̄N̄ACЄBHC [NACOPMOY]
27. ΠΤΟΛΟC NAЄMAϨTЄ N̄⌞Ϩ⌟[N̄KOPKC A]
OYMN̄TPM̄MAO ΔЄ ЄCTA
ÏOЄIT ΠЄYPΩMЄ ЄϤOYAA⌞B⌟
28. ЄPЄΠΩ⁺Ь ΔЄ ϨЄNЬIOOYЄ
N̄TΔIKOCYNH
ЄPЄN̄ЬIOOYЄ N̄N̄PΩMЄ
ЄTⳈAPMΣ̄MΣ̄ΠЄΘOOY ⳈO⁺Π
AYMOY **13**, *1.* ⳈAPЄYϢHPЄ N̄
CABЄ CΩTM N̄CЄΠϤÏΩT
ЄPЄΠϢHPЄ ΔЄ N̄ATCΩ
TM N̄NЄЄ̄ AΠTЄϪO
2. ΠЄTNANOYϤ NAOYΩM
ABOΛ ЬN̄N̄KAPΠOC N̄TΔIK
OCYNH M̄ΨYXH ΔЄ N̄M̄
ΠAPANOMOC NAMOY ЄYⳈTP
TOPT

2. Au lieu de **NAЄMAϨTЄ**, A S ont **NAMATЄ**; Worrel propose de corriger S en **NA⟨A⟩MA⟨Ϩ⟩TЄ**, ce qui est contestable. — *8.* Lire **ЄTⳈAP⟨OY⟩MΣ̄MΣ̄**. — *12.* **N̄NЄЄ̄**, cfr *supra*, **7**, 27, **11**, *31*; CRUM 217*a* **NA, N̄NA**. — *16-17.* **ЄYⳈTPTOPT**, cfr A S **N̄ϢAPAϨЄ**, grec ἄωρος; voir *supra*, **10**, *6*, **11**, *30*. **N̄KTOK**; et *infra*, verset *3* et *supra*, **10**, *14*, où **ⳈTOPTP** rend le grec προπετής; cfr LIDDEL and SCOTT, s.v. προπετῶς = *prematurely*.

⟨Ο̄Η̄⟩

3. [ΠΕΘΕΛΑ]Κ ΑΡΩϤ ΕϤϨΕΛΑΚ

[ΑΤϤ̄]ΨΥΧΗ ΠΕΤ9ΤΡΤΟΡΤ

[ΔΕ] ьΝ̄ΝϤ̄ϹΠΟΤΟΥ ΝΑ9ΤΡ

⸤Τ⸥ΩΡϤ ΟΥΑΑΤϤ

4. ΑΡΓΟϹ ΝΙΒ ьΝ̄Ν̄ΕΠΙΘΥΜΙΑ

Ν̄ΚΙϪ ΔΕ Ν̄Ν̄ϪΩΡ ьΝ̄ΟΥΩΡϪ

5. ΠΔΙΚΟϹ ΜΟϹΤΕ Ν̄ΝΟΥ

ϢΑϪΕ Ν̄ϪΙΓΚΟΟΝϹ

ΠΑϹΕΒΗϹ ΔΕ ΝΑϢΙΠΕ ϯϤ

ΤΜϪΙ Ν̄ΟΥΠΑΡϨΥϹΙΑ

6. 9ΑΡΕΤΔΙΚΟϹΥΝΗ ϨΕΛΑΚ

ΑΜ̄ΒΑΛϨΗΤ 9ΑΡΕΠΝΟΒΕ

ΔΕ Ρ̄ΝΑϹΕΒΗϹ ϯϪϪΡΟϤ

7. ΟΥΝ̄ΝΕϯΡΕ Μ̄ΜΟΟΥ Ν̄ΡΜ̄

ΜΑΟ ΕΜΝ̄ΤΟΥ ΛΑΑΥ

ΟΥΝ̄ΝΕΤΘΒ̄ΪΟ Μ̄ΜΟΟΥ ΕΥьΝ̄

1. **ΑΡΩϤ**, le **Ϥ** refait sur un **Ϲ**.

⟨ŌΘ̄⟩
OYKOM MMNTPM[MAO]
8. ΨΩTЄ N̄TΨYXH M̄[ΠPΩ]
MЄ'TЄ TϤMN̄TPM̄M.A[O]
MAPЄΦHϫЄ ΔЄ ϤI ƅAYA.Π.[IΛH]
9. ΠOYOЄIN 9OΠ N̄NΔIKOC N̄
OYOЄIϢ NIB' ΠOYOЄIN N̄
TOϤ N̄N̄ACЄBHC NAϩΩTM̄
9a. M̄ΨYXHY N̄N̄ΔOΛOC ΠΛA
NA ƅN̄ϩN̄NOBЄ' //N̄CЄNAЄ
9APЄN̄ΔIKOC ΔЄ ϢNϩTHY
10. 9APЄNЄΘOOY PΠЄΘOOY
ƅN̄OYϢΩC ϩN̄COΦOC ΔЄNЄ
NЄ NЄTCOOYNЄ N̄TΔIKOCYNH
11. TMNTPM̄MAO ЄTЄYKЄΠH
AT9ΠOC ƅN̄OYЄΠIΘYMIA
NAP̄KPΩϩ' ΠЄTCΩOYϩ
ϩΩϤ AƅOYN ƅN̄OYMNT

1. **OYKOM**, cfr A **OYNAϬ**, S **OYNOϬ**, grec πολλῷ. — *4.* Traces du **H** d'**AΠIΛH** sous la ligne. — *7.* **-ϩΩTM̄** (= **ϢΩTM̄**, *once* dit Crum, 595*b*); ou plutôt lire **ϩΩKM̄** ? cfr Crum, 744*b*, sous **ϩΩϬB**. — *12.* **-ϢΩC**, le **Ϣ** refait de **Ω**. — *13.* **NЄ** initial à supprimer; dittographie. — *14.* **ЄTЄY-** *sic.* — *16.* **ΠЄT-** *sic.*

⟨Π̄⟩

[ⲈⲨⲤⲈⲂⲎⲤ] ⸤Ⲛ⸥ⲀⲀϢϢⲎⲈⲒⲦⲈ

12. [ϤⲤⲞⲦ]⸤Π⸥ Ⲛ̄ⲔⲠⲈⲦⲢ9ⲞⲢⲠ ⲀⲢ

[ⲂⲞⲎ]ⲐⲒ ьⲘ̄ⲠϤϨⲎⲦ' Ⲛ̄ϨⲞⲨⲞⲈⲒⲦ

[Ⲁ]⸤Π⸥ⲈⲦⲢⲢⲎⲦ ⲀⲨⲰ ⲈϤⲢ̄ϨⲦⲎϤ

ⲞⲨϢⲎⲚ ⲄⲀⲢ Ⲛ̄Ⲱ⳯ь ⲠⲈⲨ

ⲞⲨⲰ9 ⲈϤⲚ̄ⲚⲎⲨ' *13.* ⲠⲈⲦⲢⲔⲀ

ⲦⲀⲪⲢⲞⲚⲒ Ⲛ̄ⲞⲨϨⲰⲂ ϤⲚⲀⲢ̄

ⲔⲀⲦⲀⲪⲢⲞⲚⲒ Ⲙ̄ⲘⲞϤ ⲞⲚ

ⲠⲈⲦⲢϨⲞⲦⲈ ϨⲎⲦⲤ Ⲛ̄ⲦⲈ̄

ⲦⲞⲖⲎ ⲦⲞⲨϪⲞⲈⲒⲦ Ⲛ̄ⲞⲨⲞⲈⲒϢ ⲚⲒⲂ

13a. ⲘⲚ̄ⲖⲀⲀⲨⲈ Ⲛ̄ⲀⲄⲀⲐⲞⲚ ⲚⲀ9Ⲱ

ⲠⲈ Ⲛ̄ⲞⲨϢⲎⲢⲈ ⲚⲆⲞⲖⲞⲤ

ⲞⲨⲚϨⲚϨⲂⲎⲨⲈ ⲈⲨⲤⲞⲨⲦⲞⲚⲦ

ⲚⲀ9ⲰⲠⲈ Ⲛ̄ⲞⲨьⲘьⲀⲖ Ⲛ̄

ⲤⲞⲪⲞⲤ' *14.* ⲞⲨⲚ̄ⲞⲨⲰ⳯ь Ⲛ̄

ⲔⲈⲠⲎ ьⲚ̄ⲚьⲒⲞⲞⲨⲈ Ⲛ̄ⲦⲤⲞⲪⲒⲀ

1. [ⲈⲨⲤⲈⲂⲎⲤ], lacune de 6-7 lettres; [ⲘⲈⲈⲒⲚⲞⲨⲦⲈ] est trop long; cfr B ⲘⲈⲦⲈⲨⲤⲈⲂⲎⲤ. — *3.* Ⲛ̄ϨⲞⲨⲞⲈⲒⲦ (et ses variantes orthographiques, cfr l'Index) correspond à A Ⲛ̄ϨⲞⲨⲞ, S ⲈϨⲞⲨⲈ. — *4.* -ⲢⲢⲎⲦ, lire ⲈⲢⲎⲦ. — *6.* ⲈϤⲚ̄ⲚⲎⲨ, cfr Vulgate : *lignum vitae, desiderium veniens*; S A ⲈⲚⲀⲚⲞⲨϤ, B ⲈⲚⲀⲚⲈⲤ = gr. (ἐπιθυμία) ἀγαθή. — *7.* ϤⲚⲀⲢ̄-, comme A, contre S ⲤⲈⲚⲀ-. — *10.* ⲚⲒⲂ *sup. lin.* — *13.* ⲞⲨⲚ-, le Ⲛ *sup. lin.* — *15-16.* Lire ⲞⲨⲚ̄ⲞⲨⲠⲎⲄⲎ Ⲛ̄Ⲱ⳯ь; lapsus qui en dit long sur l'acribie du scribe; cfr A S. — *16.* ьⲒⲞⲞⲨⲈ, le 1er Ⲟ *sup. lin.*

П̄Ā

ПАΘНТ ΔЄ NАМОΥ Ⳉ[N̄ΟΥПА9Ϥ]

15. 9АРЄΥМN̄ТРМ̄N̄ϨНТ

ЄNАNΟΥС + N̄NΟΥϨМО[Т]

ΟΥТЄϪО ΔЄNЄ NⳈIΟΟΥЄ

N̄М̄ПАРАNΟМОС

16. 9АРЄПАNΟΥРГОС NIB

⸤Р̄⸥ϨΩB ⳈN̄ΟΥϢΟΟϪNЄ

9АРЄПАТΘНТ ΔЄ ПР9[ТϤ̄]

КАКIА АВΟΛ' *17.* ΟΥN̄ΟΥР̄[РΟ]

N̄NА9Т'М̄МЄ NАϨЄЄ А⸤Ⳉ⸥[РНI]

ϨМ̄ПЄТΘΟΟΥ' ΟΥN̄ΟΥ⸤Ϥ⸥

ϤАЇϢINЄ ΔЄ ЄNАNΟΥϤ

NАТΟΥϪΟϤ

18. 9АРЄТСВΩ ϤI ⳈАΥМNТ

ϨНϪЄ МN̄ΟΥϢϢΩ⸤С⸥

*12.*ϤАЇ-, le Ϥ refait sur I. ЄNАNΟΥϤ, cfr A S ЄϤN̄ϨΟТ, gr. πιστός, var. σοφός.

⟨Ⲡ̄Ⲃ̄⟩

19. [ϤⲀⲢⲈⲚ̄Ⲉ]⸤Ⲡ⸥ⲒⲐⲨⲘⲒⲀ Ⲛ̄ⲚⲢⲘ̄Ⲛ̄
[ⲚⲞⲨⲦ]⸤Ⲉ⸥ ϮⲞⲨⲚⲞϤ Ⲛ̄ⲞⲨⲮⲨⲬⲎⲨ
[Ⲛ̄ⲈⲠ]⸤Ⲓ⸥ⲐⲨⲘⲒⲀ Ⲛ̄ⲚⲀⲤⲈⲂⲎⲤ
[ⲞⲨ]⸤Ⲏ⸥Ⲩ ⲀⲂⲞⲖ Ⲙ̄ⲠⲤⲞⲞⲨⲚⲈ
20. [Ⲉ]ϪⲘⲞϨⲈ Ⲙ̄ⲚⲞⲨⲤⲞⲪⲞⲤ
[Ⲉ]⸤Ϫ⸥ⲚⲀⲢⲤⲞⲪⲞⲤ’ ⲠⲈⲦⲘⲞϨⲈ
[ⲆⲈ] Ⲙ̄Ⲛ̄ϨⲚⲀⲦⲐⲎⲦ ⸤ⲚⲀⲨⲰⲚϨ⸥ [ⲀⲂⲞⲖ]
[Ⲛ̄ⲆⲒ]⸤Ⲕ⸥ⲞⲤ ⲚⲀϤⲰⲠⲈ ⳈⲚ̄ⲞⲨⲒ̈ⲢⲎⲚⲎ
21. [ⲚⲈⲦ]⸤Ϩ⸥ⲞⲞⲨ ⲚⲀⲠⲰⲦ Ⲛ̄ⲤⲈⲚ
[Ⲛ̄Ⲣ]⸤Ⲙ̄⸥ⲈⲦⲢⲚⲞⲂⲈ
[Ⲛ̄Ⲁ]⸤Ⲅ⸥ⲀⲐⲞⲚ ⲚⲀⲦⲈϨⲈⲚ̄ⲆⲒⲔⲞⲤ
22. [Ⲡ]ⲢⲰⲘⲈ Ⲛ̄ⲆⲒⲔⲞⲤ ⲚⲀⲠ
⸤Ⲡ⸥ⲰϢ ⲀϪⲚⲚ̄ϢⲎⲢⲈ Ⲛ̄ⲚϤϢⲎⲢⲈ
ⲈⲚⲀⲤⲈⲂⲎⲤ ⲤⲰⲞⲨϨ ⲀⳈⲞⲨⲚ
ⲚⲦⲞⲨⲘⲚⲦⲢⲘⲘⲀⲞ Ⲛ̄Ⲛ̄
ⲆⲒⲔⲞⲤ’ *23.* Ⲛ̄ϪⲰⲢ ⲆⲈ ⲚⲀⲘⲦⲞⲚ

2. Lire ⟨Ⲛ̄⟩ⲚⲞⲨⲮⲨⲬⲎⲨ. — *14-16.* Incise remaniée; pour la rendre conforme à tous les autres témoins, il faudrait lire : ⟨ⲤⲈ⟩ⲤⲰⲞⲨϨ ⲀⳈⲞⲨⲚ Ⲛ̄Ⲧ{ⲞⲨ}Ⲙ̄Ⲛ̄ⲦⲢⲘⲘⲀⲞ ⟨Ⲛ̄⟩Ⲛ̄ⲀⲤⲈⲂⲎⲤ Ⲛ̄Ⲛ̄ⲆⲒⲔⲞⲤ. Dans le modèle, Ⲛ̄ⲀⲤⲈⲂⲎⲤ aurait-il été rejeté au-dessus de -ⲢⲘⲘⲀⲞ et à la hauteur de -ϢⲎⲢⲈ? En ce cas, le scribe l’aurait mis en tête de l’incise avec fonction de sujet, d’où l’introduction du possessif ⲦⲞⲨ, au lieu de l’article.

⟨Π̄Γ̄⟩

Μ̄ΜΟΟΥ ⳈΝ̄ΤΟΥΜΝ⸤Τ⸥[ΡΜ̄] ΜΑΟ Ν̄ϨΑϨ Ν̄ΡΟΜΠЄ ΑϨΟЄΙΝЄ ΔЄ ΤЄλΟ CЄϨΗ⸤Ρ⸥[... ?] *24.* ΠЄϮCΟ ΑΠϤΓЄΡΩΒ ЄϤΜΟCΤЄ Μ̄ΠϤϢΗΡЄ ΠЄΤΜЄЄΙ Μ̄ΠΩϤ ΝΑϮC CΒΩ ΝΑϤ Ν̄ϨΟΥΟΟ̄ *25.* ⳄΑΡЄΠΔΙΚ̣ΟC ΟΥΩΜ ϢΑΝ ΤϤΤCΙΟ Ν̄ΤϤΨΥΧΗ Μ̄ΨΥΧΗΥ ΔЄ Ν̄ΝΑCЄΒΗC Ρ̄ΚΡΩϨ //λΩΤ Ν̄ΟΥΗΪ **14**, *1.* ⳄΑΡЄΤCΑΒΗ ΝϨCΙΜЄ Ν̄ΤЄΤΑΤΘΗΤ ϨΩC ⳄΡⳄΩΡϤ ⳈΝ̄ΝC̄ΚΙϪ' *2.* ΠЄΤΜΟϨЄ ⳈΝ ΟΥCΟΟΥΤΝ Ρ̄ϨΟΤЄ ϨΗΤϤ Μ̄ΠΝΟΥΤЄ ΠЄΤΚΩΟΥΚ ΔЄ Ν̄ΝϤⳈΙΟΟΥЄ ΝΑϪΙϢΩC

3. **CЄϨΗ⸤Ρ⸥** [**Α** ?, (cfr **6**, *15*), A **ϨΝ̄ΟΥCϨΝЄ**, S **Ν̄ΤЄΥΝΟΥ**, grec συντόμως. — *11.* **ΟΥ** sur deux lettres grattées (**ΗΪ** ?). — *16.* Après **ΠΝΟΥΤЄ**, défaut du parchemin.

⟨ⲠⲆ̄⟩

3. [ⲞⲨⲔⲈⲢ]⌞Ⲱ⌟Ⲃ Ⲛ̄ϢⲰⲤⲠⲈ ⲈⲦⳉⲚ̄
[ⲦⲦⲀ]⌞Ⲡ⌟ⲢⲞ Ⲛ̄ⲀⲦⲐⲎⲦ
[Ⲛ̄Ⲥ]ⲠⲞⲦⲞⲨ Ⲛ̄ⲚⲤⲞⲪⲞⲤ ⲚⲀϩ
⌞ϩ⌟ⲈⲖⲀⲔ ⲀⲢⲞⲞⲨ
4. ⲞⲨⲞⲖⲘϤ' ⲈϤϢⲞⲨⲈⲒⲦⲠⲈ Ⲡ
ⲠⲘⲀ ⲈⲦⲈⲘⲚ̄ⲈϩⲈ Ⲙ̄ⲘⲀⲨ
ⲈⲦⲔⲞⲘ ⲆⲈ Ⲛ̄ⲦⲈϩⲈ ⲞⲨⲞⲚϩ
ⲀⲂⲞⲖ ⳉⲚ̄ⲠⲘⲀⲀ ⲈⲦⲈⲨⲚ̄
ϩⲀϩ Ⲛ̄ⲄⲈⲚⲚⲎⲘⲀ ⲚⳉⲎⲦϤ
5. ⲘⲚ̄ⲞⲨⲘⲚⲦⲦⲢⲈ Ⲙ̄ⲠⲒⲤⲦⲞⲤ
ⲚⲀϪⲈⲔⲞⲖ ϩⲀⲢⲈⲨⲘⲚⲦ
ⲦⲢⲈ Ⲛ̄ϪⲒⲄⲔⲞⲚⲤ ⲦⲘϩⲈϩⲚ
ⲔⲞⲖ' *6.* ϫⲚⲀϢⲒⲚⲈ Ⲛ̄ⲤⲈⲦⲆⲒ
ⲔⲞⲤⲨⲚⲎ Ⲛ̄ⲚⲈⲐⲞⲞⲨ ⁻ϫ
ⲦⲘⲔⲚⲦⲤ' ⲦⲀⲤⲐⲎⲤⲒⲤ ⲆⲈ
ⲤⲂⲦⲞⲚ Ⲛ̄ⲦⲞⲦⲞⲨ Ⲛ̄ⲚⲤⲀⲂⲈⲞⲨ

2. Lire ⟨Ⲛ̄⟩Ⲛ̄ⲀⲦⲐⲎⲦ. — *5.* Lire ⟨ⲞⲨ⟩ⲞⲨⲞ{Ⲗ}ⲘϤ̄, cfr A S, grec φάτνῃ. — *9.* ϩⲀϩ, le Ⲁ sur Ⲛ gratté. — *16.* Lire ⲤⲂⲦⲰⲦ Ⲛ̄ⲦⲞⲞⲦⲞⲨ.

⟨Π̄Є̄⟩
7. ϨΩΒ ΝΙΒ ϮΟΥΒЄΠΡΩ[ΜЄ Ν̄]
ΑΤΘΗΤ' ϨΝϨΟΠΛΟΝ ⸤Δ⸥[Є Ν̄]
ΑϹΘΗϹΙϹΝЄ ϨΝ̄ϹΠΟΤΟΥ Ν[Ν̄ϹΑΒЄ]
8. ΤϹΟΦΙΑ Ν̄Ν̄ΡΜ̄Ν̄ϨΗΤ
ΝΑΪΜЄ ΑΝΟΥⳈΙΟΟΥЄ
ΤΜΝΤΑΘΗΤ ΜΝ̄ΤΜΝΤ
ΑΤϹΒΩ ⳈΝ̄ΟΥΠΛΑΝΗ
9. Ν̄ΗΗΥ Ν̄Μ̄ΠΑΡΑΝΟΜΟϹ
Μ̄ΠϢΑ Α̅ Ν̄ΟΥΤΒΒΟ
Ν̄ΗΗΥ ΔЄ Ν̄Ν̄ΔΙΚΟϹ ϹΟΤΠ
10. ΟΥϨΗΤ Ν̄ΡΜ̄'ЄϤЄϹΘΑΝЄ
ΠЄΥΛΥΠΗ Ν̄ΤϤΨΥΧΗ
ϨΟΤΑΝ ΤЄ ЄϤϢΑЄΥΦΡΑ
ΝЄ ΜΑΡЄΤΛΥΠΗ ΤΩⳈ ΝΜ̄ΑϤ
11. Ν̄ΗΗΥ Ν̄Ν̄ΑϹЄΒΗϹ ΝΑΤЄϪΟ
Ν̄ϹΚΗΝΗΥ ΔЄ Ν̄Ν̄ΔΙΚΟϹ
ΝΑΩϨЄ ΑΡΑΤΟΥ ϢΑΑΝΗϨЄ

4. **-ΡΜ̄Ν̄ϨΗΤ**, avec S, contre A **-ΡΜ̄Ν̄ΝΟΥΝΤЄ**. — *7.* **-ΠΛΑΝΗ**, avec S et grec, contre A **-ΠΛΑΤΙΑ**. — *9.* Lire **Μ̄ΠϢΑ** {**Α̅**} (dittographie); pas de négation en A S et grec; la lecture **Μ̄ΠϢΑΑ̅** est invraisemblable. — *12.* S A ont, correctement, **ΟΥΛΥΠΗ ΠЄ**. — *13.* **ΤЄ**, pour **ΔЄ**, cfr A S et grec. — *14.* Lire **ΝΜ̄⟨Μ⟩ΑϤ**.

⟨Π̄Ϛ̄⟩

12. [ΟΥΝ̄ЬΙΗ] ˻Ε˼ΠΡΩΜΕ ΜΕΥΕ
[ΑΡΟϹ] ˻Ϫ˼ΕϹΟΥΤΩΝ ΕΤϹЬΑΗ
[ΠΗϨ] ϢΑΝϢΙϪϨ Ν̄ΝΕΜΝ̄ΤΕ
13. [Ε]˻Ρ˼ΕΤΛΥΠΗ ΤΗЬ Μ̄ΜΠΟΥΝΟϤ
9ΑΡΕΤЬΑΗ ΔΕ Μ̄ΠΡΑϢΕ
Ϊ ΑΥϨΗΒΕ' *14.* ΠΝΑ9ΤϨΗΤ ΔΕ
ΝΑϹΪ Ν̄ΝϤ̄ЬΙΟΟΥΕ Μ̄ΜΙΝ Μ̄ΜΟϤ
ΠΡΩΜΕ ΔΕ ΕΤΟΥΑΑΒ ΑΒΟΛ
ЬΝ̄ΝϤ̄ΜΕΥΕ' *15.* 9ΑΡΕΠΒΑΛ
ϨΗΤ Ν̄ϨϨΤϢΑϪΕ ΝΙΒ
9ΑΡΕΠϹΑΒΕ ΔΕ Ρ̄ϨΤΗϤ
16. 9ΑΡΕΠϹΟΦΟϹ ΡϨΟΤΕ ϢΑΝΤϤ
ΡΑϪΤϤ ΑΒΟΛ Μ̄ΠΕΘΟΟΥ
9ΑΡΕΠΑΘΗΤ ϨΩϤ ΤΩЬ
ΝΜ̄ΜΑϤ ЬΝ̄ΟΥΤΑϪΡΟ
17. 9ΑΡΕΠΕΤ9ΩΤΠ ΑΡΕΒᾹ

1. **[ΟΥΝ̄ЬΙΗ]**, la lacune est de 5-6 lettres; on peut difficilement restituer **[ΟΥΝ̄ΟΥЬΙΗ]**, qui serait trop long. — *4.* **[Ε]ΡΕ-**, plus probablement **[Α]ΡΕ-**, lapsus pour **⟨Μ⟩ΑΡΕ-**, le négatif; cfr A, S, gr. — *10.* **Ν̄ϨϨΤ-**, pour **Ν̄ϨΕΤ-** (de **ΝΑϨΤΕ**). — *12.* **ΡϨΟΤΕ**, *sup. lin.* — *16.* **-ΕΒᾹ**, cfr *infra* **17**, *10* (= B (Ε)**ΜΒΟΝ**).

⟨Π̄Ζ̄⟩
ΪΡЄ Ν̄ΟΥΜΝ̄ΤΑΤ˻Ϣ˼[ΟϪΝЄ]
ⳉΑΡЄΥϹΟΦΟϹ Ν̄ΡΩ[ΜЄ]
ΤЄΛΟ ΑϪΜ̄ΠϤϨΗΤ Ν̄Ϩ˻Ο˼[ΥΟ]
18. ΝΑΘΗΤ Ν̄ΤΟΟΥ ΝΑΠΩϢ
ΑϪΩΟΥ Ν̄ΟΥΚΑΚΙΑ
ⳉΑΡЄΝϹΑΒЄ ΔЄ ЄΜΑϨΤЄ
Ν̄ΟΥΑϹΘΗϹΙϹ' *19.* ΝЄΘΟΟΥ
ΝΑϨЄЄ' Μ̄ΠΜΤΟ ΑΒΟΛ Ν̄
ΝЄΤΝΑΝΟΥΟΥ' ΝΑϹЄΒΗϹ
ΝΑϢΜϢЄ ϨЄΡΝ̄Ν̄ΡΩΟΥ Ν̄Ν̄
ΔΙΚ̣ΟϹ' *20.* ⳉΑΡЄϨΝ̄ⳉΒΗΡ
ΜϹΤЄΝΟΥⳉΒΡ̄ϨΗϪЄ
ΝΑϢЄ˖ⳉΒЄЄΡ ΔЄ Ν̄Ν̄
ΡΜ̄ΜΑΟЄΙ' //ΝΟΒЄ
21. ЄΠЄΤϢΩϹ Ν̄Ν̄ϨΗϪЄ Ρ̄

2. **ⳉΑΡЄ-**, le **ⳉ** refait sur un **Ϣ** commencé; le **Є** sur **Α** en partie gratté. — *3.* **Ν̄ϨΟ[ΥΟ]**, cfr *supra* **9**, *9*, **12**, *13*, etc. — *15.* **Є** initial, ajouté de 2ᵉ main.

⟨ΠH̄⟩
[ΟΥΜΑΚΑΡΙ]⸤Ο⸥ⲤⲠⲈ ⲠⲈΤΝΑⲈ N̄
[N̄ϨΗϪ]⸤Ⲉ⸥ *22.* N̄ΡM̄ⲈΤ†ΡⲈ M̄ⲠⲈ
[ΘΟ]⸤Ο⸥Υ ⲤΟΟΥΝⲈΙ Α M̄ⲠΝΑⲈ
[Μ]ΝΤⲠΙⲤΤΙⲤ' ⲈΡⲈΜΝΤΝΑⲈ
MN̄ΤⲠΙⲤΤΙⲤ N̄ΤΟΟΤΟΥ
N̄ΝⲈΤ†ΡⲈ M̄ⲠⲈΤΝΑΝΟΥϤ
23. ΟΥN̄ⲤΟΦΟⲤ ⳉN̄ΟΥΟΝ ΝΙΒ
ⲈΤϤΙΡΟΟΥϢ' ⲠⲈΤΜΟΤΝ
ΔⲈ MM̄ⲠⲈΤⲈΜΑϤΜΟϪϨϤ
24. ΤΜΝΤΡM̄ΜΑΟ ΔⲈⲠⲈ Π
ⲠϪΛΟΜ N̄N̄ⲤΟΦΟⲤ //ΟΟΥ
ⲠΜΑ ⁺9ΩⲠⲈ ΔⲈ N̄ΑΘΗΤ ϨΟ
25. 9ΑΡⲈΥΜΝΤ'ΤΡⲈ ⲈϤN̄ϨΟΤ
ΤΟΥϪⲈϨΜΨΥΧΗ ΑⲠⲈΘΟΟΥ
9ΑΡⲈⲠΔΟΛΟⲤ ϨΩϤ ΤΜϨ
ϨⲈϨN̄ΚΟΛ' *26.* ⲈΡⲈΘⲈΛⲠΙⲤ

2. Les deux premières incises de A S et grec manquent au début du verset *22.* — *4.* Lire -⟨M̄⟩ΜΝΤΝΑⲈ. — *7.* -ⲤΟΦΟⲤ, lapsus pour ⲤΟΦΙΑ; cfr A S; le grec a περισσόν, et la Vulgate *abundantia.* — *9.* A la fin du verset l'apodose manque : ⟨ΝΑP̄ΚΡΩϨ N̄ΤΜN̄ΤⲤΑΒⲈ⟩ (ligne passée ?); cfr A S. — *12.* Lire ⟨N̄⟩N̄ΑΘΗΤ.

⟨П̄Θ⟩

ÑTKOM ьÑTKIϪ M[ПϪOЄIC]
ϤNAⲗΩ ΔЄ ÑOYTAϪP[O ÑΩ⁺ь Ñ]
NϤ̄ϢHPЄ' *27.* OYПHΓH ÑΩ[⁺ьПЄ]
ПЄПРОСТАКМА M̄ПϪOЄIC
9APϤPAⲗTOY ΔЄ ABOΛ
ьÑM̄ПA9Ϥ M̄ПMOYOY
28. ЄПЄOOY ÑOYP̄PO ьÑOY̅
NAK M̄MHϢA //THC
ЄPЄПьΩϢϤ ÑϨNΔYNAC
ьM̄ПΩΩϪ9 ÑϨÑΛAOC
29. ΦAPϢϨHT ÑPΩMЄ OϢ
M̄MNTCABЄ' OYAΘHT
ΔЄ ÑϨOYOПЄ ПϨHT 9HM
30. OYCHЄIN ьM̄ПϤϨHTПЄ П
ПРΩMЄ ЄTЄMAϤKΩΩNT

4. **-ПРОСТАКМА**, le **C** *sup. lin.* — *6.* **ьÑM̄-**, le **Ñ** *sup. lin.* **-MOYOY**, le 1er **Y** sur **O** gratté; lire **-MOY{OY}** (θάνατος). — *10.* **-ΩΩϪ9**, lapsus, pour **ΩϪÑ**; cfr A S **ΩϪÑ**, grec ἔκλειψις. — *14.* **ьM̄-**, avec S.

⟨Ϥ̄⟩
[ⲞⲨϨⲞⲞ]⸤Ⲗ⸥Ⲉ Ⲛ̄ϨⲚ̄ϪⲈⲈⲤ ⲠⲈⲨⲞⲨ
[ϨⲎⲦ Ⲉ]ϢⲀⲢϤⲈⲤⲐⲀⲚⲈ
31. [ⲈⲢⲈ]ⲠⲈⲐⲞⲨⲖⲀ ⲀⲨϨⲎϪⲈ ϯ
[Ⲛ̄]ⲚⲞⲨⲚⲞⲨⲔⲤ Ⲙ̄ⲠⲈⲦⲀϨⲦⲤⲈⲚⲞϤ
ϢⲀⲢⲈⲠⲈⲦⲀÏⲞ Ⲙ̄ⲘⲞϤ ⲚⲀⲈ
Ⲛ̄ⲞⲨϨϨⲎϪⲈ' *32.* ⲠⲀⲤⲈⲂⲎⲤ ⲚⲀ
ⲐⲂ̄ÏⲞ ⳈⲚ̄ⲦϤⲔⲀⲔⲒⲀ
ⲞⲨⲆⲒⲔ̣ⲞⲤ ⲆⲈⲠⲈ ⲠⲈⲦⲚⲀϨ
ⲦⲈ ⲀⲠϤⲞⲨⲞⲞⲠ
33. ϢⲀⲢⲈⲘⲚⲦⲘⲎⲒ ⲀϢⲎÏⲦⲈ
ⳈⲘ̄ⲠϨⲎⲦ Ⲙ̄ⲠⲢⲰⲘⲈ ⲈⲦⲚⲀⲚ
ⲚⲞⲨϤ
ⲀⲨⲰ ⲈϤⲒⲘⲈ ⲀⲦⲤⲞⲪⲒⲀ
ⲘⲀⲨÏⲘⲈ ⲆⲈ ⲀⲢⲞⲤ ⳈⲘ̄ⲪⲎⲦ
Ⲛ̄ⲀⲦⲐⲎⲦ' *34.* ϢⲀⲢⲈⲦⲆⲒⲔⲀⲒ
ⲞⲤⲨⲚⲎ ϪⲒⲤⲈ Ⲛ̄ⲞⲨⲈⲦⲐⲚⲞⲤ

1. **[ⲞⲨϨⲞⲞ]Ⲗ⸥Ⲉ**, le **Ⲉ** est clair; cfr A S **ⲞⲨϪⲞⲞⲖⲈⲤ**. — *15.* Lire **⟨Ⲛ̄⟩Ⲛ̄ⲀⲐⲎⲦ**. — *16.* **-ⲈⲦⲐⲚⲞⲤ**, pour **ϨⲈⲐⲚⲞⲤ**.

⟨Ϥ̄Ā⟩

ϨΑΡΕΝΟΒΕ ΔΕ ΤϹΒ⸤Ϫ⸥[Ο N̄] ϨΜΦΥΛΗΥ *35*. ΦΥΠΕΡΕΤ⸤Η⸥[Ϲ] N̄ϹΑΒΕ ϢΗΠ N̄ΤΟΟΤϤ N̄ ΟΥΡΡΟ' ϨΑΡϤΙ ΔΕ ⳈΑΟΥ ϢΩϹ M̄ΠΝΑΥ ΕΤΕϤΝΑϪΟΤϤ **15**, *1*. ϨΑΡΕΘΟΡΓΗ ΤΕϪΟ N̄⸗ϪΕ ϹΑΒΕΟΥ' ϨΑΡΕΥϢΑϪΕ ΕϤM̄ΠϤΜΑΑ ΤϪΤΟ N̄ΟΥΓ ΚΩΩΝΤ' ΑΒΟΛ ϨΑΡΕΠΡΜΕΤΡΛΥΠΗ ΤΟΥΝϹ̄ϨN̄ϨΟΡΓΗ *2*.ΠΛΑϹ N̄ϹΑΒΕΟΥ ϹΟΟΥΝΕ N̄ΝΕΤΝΑΝΝΟΥΟΥ //ΝΕ ΤΤΑΠΡΟ M̄ΠΑΘΗΤ ϹΟΟΥ N̄M̄ΠΕΘΟΟΥ' *3*. ΠΒΑΛ M̄ΠϪΟ ΕΙϹ ΚΟϢΤ ΑϪN̄ΜΑ ΝΙΒ

1. -ΝΟΒΕ, lire ⟨N̄⟩ΝΟΒΕ. — *4*. Lire ϨΑΡϤ⟨Ϥ⟩Ι. — *12*. Lire ⟨N̄⟩N̄ϹΑΒΕΟΥ.

⟨Ϥ̄Β̄⟩

[ΑϪN̄NЄ]ΘΟΟΥ ΜN̄ΝЄΤΝΑΝΟΥΟΥ

4. [ΟΥϢ]⌞Η⌟Ν N̄Ω⁺ⳈΠЄ ΠΤⲖΚΟΟ

⌞Μ⌟ΠⲖΑC' ΠЄϯΡЄ ΔЄ M̄

ΜΟϤ ΝΑCΙ N̄ΝϤΚΑΡΠΟC

5. ϨΑΡЄΠΑΘΗΤ ΚΜϢΤCΒΩ

M̄ΠϤΪΩΤ' ΟΥCΑΒЄ ΔЄ N̄Ϩ

ϨΟΥΟΠЄ ΠЄΘЄⲖΑΚ Ā̄ΝϤ̄ϪΠΙΟ

6. ΟΥN̄ΟΥΝΑΚ N̄ΚΟΜ ⳈN̄ΤΔΙ

ΚΟCΥΝΗ ЄΤΝΑϢΩΩC

M̄ΜΟϨΜϨ ΔЄ N̄ΝΑCЄΒΗC

ΝΑΠΩΡϨ ΜN̄ΤΟΥΝΟΥΝΝЄ

ΟΥN̄ΟΥΝΑΚ N̄ΚΟΜ ⳈN̄N̄

H̄H̄Ȳ N̄ΝΔΙΚΑΙΟC

N̄ΚΑΡΠΟC ΔЄ N̄ΝΑCЄΒΗC

ΝΑΤЄϨΟ' *7.* N̄CΠΟΤΟΥ N̄N̄

COΦOC ΜΗΡ N̄ΟΥΑCΘΗCΙC

16. N̄ΟΥ- avec S.

⟨Ϥ̄Γ̄⟩
N̄ϨΗΤ ΔЄ N̄ΑΘΗΤ Ο⸤Ρ⸥[Ϫ̄ Α]
8. M̄ΒΟΤЄ M̄ΠϪΟЄΙCΝЄ Ν
ΘΥCΙΑ N̄M̄ΠΑΡΑΝΟΜΟC
N̄ΡΗΤ ΔЄ N̄ΝЄΤCΟΥΤ
ΤΟΟΝΤ ϢΗΠ ΝΑϨΡΑϤ
9. ϨM̄ΒΟΤЄ M̄ΠϪΟЄΙCΝЄ Ν
ьΙΟΟΥЄ N̄NΑCЄΒΗC
ϤΜЄЄΙ ΔЄ N̄ΝЄΤϢΙΝЄ
N̄CЄΤΔΙΚΟCΥΝΗ
10. 9ΑΡΟΥC˔N̄ΟΥN̄ΤCΒΩ M̄
ΠΑΘΗΤ ϨЄΤΝΝЄΤΠΑΡΑΓЄ
ΝЄΤΜΟCΤЄ ΔЄ N̄N̄ϪΠΙΟ
ΝΑΜΟΥϨ N̄ϢΩΩC
11. ЄΜN̄ΤЄ ΜM̄ΠΝΟΥN̄ ΟΥΟ
ΟΝϨ ΑΒΟΛ M̄ΠΝΟΥΤЄ
ΜΙ N̄ΡΩΜЄ N̄ΤΟϤ ΝΑ9
ϨΟΠΟΥ ϨЄΑ9 N̄ΤΟΟΥ

1. Lire ⟨N̄⟩N̄ΑΘΗΤ. — *11.* ΠΑΘΗΤ, est suspect, les autres ayant ΠΒΑΛϨΗΤ, grec ἄκακος. — *13.* ΝΑΜΟΥϨ N̄ϢΩΩC, lapsus (qui révèle la méthode du scribe) pour ΝΑΜΟΥ ьN̄ΟΥϢΩC; cfr A S et le grec τελευτῶσιν αἰσχρῶς. — *16.* ΜΙ est le grec μή; le second stique du verset 11 est bouleversé.

⟨Ϥ̄Δ̄⟩
12. [ΜΑΡЄ]ⸯΠⸯΑΤCΒΩ ΜΝ̄ΡЄΠЄΤ
[Ϫ]ⸯΠⸯΙΟ Μ̄ΜΟϤ //CΟΦΟC
[Ο]ΥΔЄ ΜΑϤϢΑϪЄ ΜΝ̄Ν̄
13. ⳉΑΡЄΦΗΤ ЄΤЄΥΦΡΑΝЄ
ϯΟΥΡΟΤ Μ̄ΦΟ ⳉΑΡϤΩϪ
ϪΜ̄ Ν̄ΤΟϤ ЄϤϬΝ̄ϨΝΛΥΠΗ
14. ⳉΑΡЄΦΗΤ ЄΤCΟΥΤΟΟΝΤ
ϢΙΝЄ Ν̄CЄΟΥΑCΘΗCΙC
ΤΤΑΠΡΟ Ν̄ΑΤCΒΩ ΝΑC
CΝ̄ΟΥΝ̄ϨΜ̄ΠЄΘΟΟΥ
ΦΗΤ Ν̄ΑΤΘΗΤ CΟΟΥΝЄ
Ν̄ϨΜ̄ΠЄΤΘΟΟΥ’ *15.* ЄΡЄΜ
ΒЄΛΛ Ν̄ΝЄΘΟΟΥ ΚΟϢΤ
ΑΒΟΛ ϨΗΤϤ Ν̄ϨΜ̄ΠЄΤ
ΘΟΟΥ’ Ν̄ΟΥΟЄΙϢ ΝΙΒ

7-12. Ce verset est conforme à S; comparez A. — *9.* Lire ⟨Ν̄⟩Ν̄ΑΤCΒΩ. — *11.* Lire ⟨Ν̄⟩Ν̄ΑΘΗΤ. — *14.* ϨΜ̄ΠЄΤ fait de Μ̄ΠЄΤ, le Μ gratté, Ϩ refait sur Μ, nouveau Μ soudé à Π.

⟨Ϥ̄Ε̄⟩

9ΑΡΕΝΕΤΝΑΝΝΟ⸤Υ⸥[ΟΥ ΔΕ]

ⲖΑΡΩΟΥ Ν̄ΟΥΟΕΙϢ Ν⸤Ι⸥[Β]

16. ΝΑΝΕϯΟΥ9ΗΜ ⳉΝ̄ΘΡ̄Τ⸤Ε⸥

Μ̄ΠϪΟΕΙC ΘΟΥΡΕΥΝΑΚ

Ν̄ΕϨϨΟ ⳉΝ̄ΟΥΜΝΤ’ΑΤΘΟΤΕ

17. Ν̄ΑΝΕΟΥΜΝΤΜΕΕΙϢΜ̄

ΜΟ’ ΜΝ̄ϨΝ̄ΟΥΟΟΤΕ

ΠΡΟC ΟΥΜΝΤ9ΒΗΡ ⳉΝ̄

ΟΥΧΑΡΙC Ν̄ϨΟΥΕϨΜΜΑC

ΕΥCΑΝΑ9Τ ⳉΝ̄ΟΥΜΝΤϪΑϪΕ

18. 9ΑΡΕΟΥΡΩΜΕ’ Ε9ΑΡϤ

ΚΩΝΤ’ CΒΤΕϨΜΜΙ9Ε

9ΑΡΕΦΑΡϢϨΗΤ Ν̄ΤΟϤ ΤΛ

ΚΕⲖΕΥΪ ΕϤΝΑ9ΩΠΕ

18ᵃ. 9ΑΡΕΠϨΑΡϢϨΗΤ Ν̄ΡΩ

ΜΕ’ ⁺9Μ̄ϨΝϨΑΠ ΕΥΝΝΗΥ

4. ΘΟΥΡΕ-, cfr *supra*, **12**, *9*; A Ν̄ϨΟΥΟ Α-, S ΕϨΟΥΕ-. — *5.* ΑΤΘΟΤΕ, le premier Τ *sup. lin.* — *7.* ΟΥΟΟΤΕ, le second Ο de 2ᵉ main sur C (COTΕ). — *13.* -ϨΗΤ, le Ϩ *sup. lin.* — *16.* ⁺9Μ̄-, (S ΕϢΜ̄-). ΕΥΝΝΗΥ, cfr Vulg. *suscitatas*.

⟨Ϥ̄Ϛ̄⟩

[9ΑΡЄΠ]ΑϹЄΒΗϹ ΔЄ ΤΟΥΝ

[ΝΝΟ]⌊Υ⌋ϹΟΥ Ν̄ϨΟΥΟ //ϢΟΤЄ

19. [Ν]⌊Ь⌋ΙΟΟΥЄ Ν̄ΑΡΓΟϹ ΠΟΡ9 Ν̄

⌊Ν⌋ΑΝ⁺ϪΩΡ ΔЄ λΑϨλΑϨΤ

20. 9ΑΡЄΥϢΗΡЄ Ν̄ϹΟΦΟϹ

ЄΥΦΡΑΝЄ Μ̄ΠϤΪΩΤ

9ΑΡЄΥϢΗΡЄ Ν̄ΑΤΘΗΤ

ΚΜϢΤϤΜΑΑΥ //ϢΑΑΤ Ν̄ΤϹΒΩ

21. ΠΜ̄λΑϨ Μ̄ΠΑΘΗΤΠЄ ΠЄΤ

9ΑΡЄΥΡΩΜЄ Ν̄ϹΑΒЄ

ΜΟϨЄ ЄϤϹΟΥΤΟΟΝΤ //ϨϹ

22. 9ΑΡЄΝЄΤΑΪΟ Ᾱ Ν̄ϨΝϹΟΟΥ

λΩ Ν̄ϹΩΟΥ Ν̄ϨΝϢΟΟϪΝЄ

9ΑΡЄΠϢΟϪΝЄ ΜΟΥΝ

ΑΒΟΛ ЬΜ̄ΠϨΗΤ Ν̄ЄΤΜЄΥЄ

23. ΝЄΘΟΟΥ ϹΩΤΜ Ν̄ϹΩϤ

ΜΑϤϪΙϨΙΑ Μ̄ΜΗϢΑ ЄΝΑΝΟΥϤ

manque un folio (p. Ϥ̄Ζ̄ - Ϥ̄Η̄)

2. Lire ϢΟ⟨Ν⟩ΤЄ. — *3.* Lire ⟨Ν̄⟩Ν̄ΑΡΓΟϹ. — *8.* **ΒΩ**, *sup. lin.* — *9.* **Μ̄λΑϨ**, en face de **ϨΙΗ** (S), **ϨΟ** (A), grec τρίβοι, suppose chez le traducteur une lecture θλιβαί, au lieu de τρίβοι. — *12.* Lire **-ΝЄΤ⟨Τ⟩ΑΪΟ**. — *15.* Lire ? **Ν̄⟨Ν̄ΡΜ̄⟩ЄΤΜЄΥЄ**, cfr A S. — *16.* Lire **ΝЄ⟨ΠЄ⟩ΘΟΟΥ**; cfr A S. — *17.* **ϨΙΑ**, voir l'Introduction et l'Index.

⟨ϥ̄ⲑ̄⟩

29. ϪⲈⲈⲢⲀⲚϤ̄ⳈⲒⲞⲞⲨⲈ ⲀⲤ[ⲞⲞⲨ]

ⲦⲚ ⲀⲂⲞⲖ ϨⲈⲦⲘⲠϪⲞⲈⲒ⸤Ⲥ⸥

30. ⲠⲂⲀⲖ ⲈⲦⲚⲀⲢⲞ Ⲛ̄ϨⲘ̄ⲠⲈⲦ

ⲚⲀⲚⲞⲨⲞⲨ 9ⲀⲢϤⲈⲨⲪⲢⲀⲚⲈ

Ⲙ̄ⲪⲎⲦ' 9ⲀⲢⲈⲠⲤⲞⲈⲒⲦ //ⲈⲤ

ⲈⲦⲚⲀⲚⲞⲨϤ ϯⲞⲨⲢⲞⲦ Ⲛ̄-ϪⲈ̄

32. ⲈⲠⲈⲦϪⲰ Ⲛ̄ⲤⲰϤ Ⲛ̄ⲦⲤⲂⲰ

ⲘⲞⲤⲦⲈ Ⲙ̄ⲘⲞϤ ⲞⲨⲀⲀⲦϤ

ⲠⲈⲐⲈⲖⲀⲔ ⲆⲈ ⲀⲚϪⲠⲒⲞ ⲚⲀ

Ⲧ9ⲠⲞ ⲚⲀϤ Ⲛ̄ⲞⲨⲘⲚⲦⲤⲀⲂⲈ

33. ⲐⲞⲦⲈ Ⲙ̄ⲠϪⲞⲈⲒⲤⲦⲈ ⲦⲤⲂⲰ

ⲘⲚ̄ⲦⲤⲞⲪⲒⲀ' ⲦⲀⲢⲬⲎ

Ⲙ̄ⲠⲈⲞⲞⲨⲦⲈ ⲐⲞⲨⲈⲒⲦⲈ

Ⲛ̄ⲦⲆⲒⲔ̣ⲞⲤⲨⲚⲎ Ⲙ̄ⲠⲚⲞⲨⲦⲈ

16, *2.* Ⲛ̄ϨⲂⲎⲨⲈ ⲦⲎⲢⲞⲨ Ⲙ̄ⲠⲈⲦⲐ̄Ⲃ̄

Ϊ̈ⲞⲈⲒⲦ

1. ⲀⲤ[ⲞⲞⲨ] = ⲚⲀⲤ[ⲞⲞⲨ]; (Ⲁ = ⲚⲀ). — *3.* ⲚⲀⲢⲞ, cfr *supra*, p. 29, l. 2. — *8.* Ⲙ̄ⲘⲞϤ, le Ϥ sur Ⲥ complété. — 9-10. ⲚⲀⲦ9ⲠⲞ ⲚⲀϤ Ⲛ̄ⲞⲨⲘⲚ̄ⲦⲤⲀⲂⲈ, conforme à l'hébreu. — *11.* 2ᵉ -ⲦⲈ, le Ⲧ sur Ⲡ gratté. — *12.* Après ⲦⲀⲢⲬⲎ, haplographie probable; la 2ᵉ et la dernière incise commençant de même : ⲦⲀⲢⲬⲎ Ⲙ̄ⲠⲈⲞⲞⲨ, le scribe aura sauté les 2ᵉ et 3ᵉ incises.

⟨Ρ̄⟩
[ΟΥΟΝ]Ϩ ΑΒΟΛ Μ̄ΠΝΟΥΤΕ
[Ν̄Α]⸤C⸥ΕΒΗC ΔΕ ΤΗΡΟΥ ΝΑΤΕ
⸤Ϫ⸥Ο ⳈΝ̄ΟΥϨΟΟΥ ΕϤϨΟΟΥ
5. ΟΥΒΟΤΕ ΝΑϨΡΜ̄ΠΝΟΥΤΕ
ΠΕ' ϪΑCΙϨΗΤ ΝΙΒ
ΠΕΤΝΑϮΤΟΟΤϤ ΔΕ ΜΝ̄
ΟΥΕΙ' ⳈΝ̄ΟΥϪΙΓΚΟΟΝC
ϤΝΑΡΒΟΛ Α̅ *7.* ΤΑΡΧΗ Ν̄ΤⳈΙΗ
ΕΤΝΑΝΟΥCΠΕ ΕΙΡΕ Ν̄ΤΜ
ΝΤ'ΜΗΙ' ΤΔΙḲΟCΥΝΗ CΟΤΠ
ΝΑϨΡΜ̄ΠΝΟΥΤΕ Ν̄ϨΟΥΕ
ΘΥCΙΑ Ν̄Ν̄ΑΝΟΜΟC //ΤΕ
8. ΠΕΤϢΙΝΕ Ν̄CΕΠΝΟΥ
ΝΑΚΙΝΕ Ν̄ΟΥCΟΟΥΝΕ ⳈΝ̄
ΟΥΔΙΚΑΙΟCΥΝΗ' ΝΕΤϢΙΝΕ
ΔΕ Ν̄CΩϤ ⳈΝ̄ΟΥCΟΟΥΤΝ ΝΑϨΕ
Ε

6. Après ΠΕ, signe ' ou lettre. — *8.* ΤⳈΙΗ, le Τ *sup. lin.* — *11.* Lire Ν̄ϨΟΥΕ⟨Υ⟩-, ou, l. 12, lire ⟨Τ⟩ΘΥCΙΑ. — *13.* Au début de la ligne, défaut. — *16.* ΝΑϨΕΕ, le 2ᵉ Ε sous la ligne.

⟨Ρ̄Ā⟩

ΑΥΪΡΗΝΗ *9.* ЄΡЄΝ̄ϨΒ⸤Η⸥[ΥЄ]

ΤΗΡΟΥ Μ̄ΠΝΟΥΤЄ ⳈΝ̄ΟΥ⸤Δ⸥[Ι]

Κ̣ΟϹΥΝΗʼ ЄΥϨЄΛΑΚ ΔЄ ΑΠ⸤Α⸥

ϹЄΒΗϹ ΑΥϨΟΟΥ ЄϤϨΟΟΥ

10. ΟΥΤΟΝΤΝΠЄ ЄΤΘЄΝ

ϹΠΟΤΟΥ Μ̄ΠΡ̄ΡΟ //ΟΥϨΑΠ

ΝЄΤϤΤΑΠΠΡΟ ΠΛΑΝΑ Ν̄

11. ΟΥΡΙⳜЄ Μ̄ΜΑϢΤΑΤЄ Τ

ΤΔΙΚΑΙΟϹΥΝΗ ΝΑϨΡΜ̄Κ̄Ȳ

9Ι ΔЄ ΝΙΒ Ν̄ΤΟΤϤ ΟΥΑΑΒ

ϨΝ̄9Ι ΔЄ Μ̄ΜΗΙΝЄ ΝϤ̄ϨΒΗΥЄ

ЄΡЄΠϪΟЄΙϹ ΔЄ ΜЄЄΙ Ν̄

Ν̄ϢΑϪЄ ЄΤϹΟΥΤΟΟΝΤ

12. ΤΒΟΤЄ Ν̄ΡΡΩΟΥΠЄ ΝЄΤ

ϮΡЄ Μ̄ΠЄΤΘΟΟΥ

7. **Ν̄** final, lire **⟨Ⳉ⟩Ν̄**; cfr A S et grec; (**Ν̄** vient de S **ϨΝ̄** avec **Ϩ** faible). — *8.* **Μ̄ΜΑϢΤΑ**, lapsus; lire **Μ̄ΜΑ9Α** (S **ΜΑϢЄ**); cfr A S. — *9.* **ΚȲ**, *sic.*; cfr. **Θ̄Ȳ**, p. 11, l. 5, p. 26, l. 10. — *10.* Lire **Ν̄ΤΟ⟨Ο⟩ΤϤ**. — *14.* Lire **⟨Ν̄⟩Ν̄ΡΡΩΟΥ**.

⟨Ρ̄Β̄⟩
[Є9ΑΡ]ΟΥϹΒΤЄΠΘΡΟΝΟϹ
[ΓΑ]⌞Ρ⌟ Ν̄ΟΥΑΡΧΗ ьΝ̄ΟΥΔΙΚ
⌞Ο⌟ϹΥΝΗ //ΟΥΡΡΟ
13. Μ̄ΜΟϪΜ̄Ϫ ΔЄ Μ̄ΜΗΙ ϹΟΤΠ Ν̄
ЄϤΜЄЄΙ ΔЄ Ν̄ϨΝ̄ϨΒΗΥЄ Μ̄ΜΗΙ
14. ΟΥϤΑΪϢΙΝЄ Ν̄ΤЄΠΜΟΥ
ΠЄ ΠΚΩΩΝΤ Ν̄ΟΥΡΡΟ
9ΑΡЄΥΡΩΜЄ ΔЄ Ν̄ϹΟΦΟϹ
Α9ΜϤ //ЄΤΡΟΟΥΤ
15. ΟΥΩ⸗ьΠЄ ΠϨΟ Μ̄ΠΡΡΟ
9ΑΡϤ†ϨΗΥ ΔЄ Ν̄ΝЄΤЄϤ
ΝΑΡΑϢЄ ΝΜ̄ΜΑΥ
Ν̄ΤьЄ Ν̄ΟΥϪΛΟΛЄ Ν̄ьΑΗΗ
16. Μ̄ΜΑ ⸗9ΩΠЄ Ν̄ΤϹΟΦΙΑ
ϹΟΤΠ ΑΠΝΟΥΒ ΜΝ̄Μ̄
ΜΑ ⸗9ΩΠЄ Ν̄ΤΜΝΤΡΜ̄Ν̄
ϨΗΤ ΝϨΟΥΟЄΙΤ ΑΠϨΑΤ

2. **[ΓΑ]Ρ⌟**; lacune de 2 lettres; le **Ρ** très douteux. — *10.* Les deux premières incises de A S manquent. — *11.* **-†ϨΗΥ**, comme S.

⟨Ρ̄Γ̄⟩
17. ΤⳈΙΗ Μ̄ΠΩ+ⳈΠΕ ΡΑϪΤ⌊Ϫ⌋
ΑΒΟΛ Μ̄ΠΕΤΘΟΟΥ
ΟΥΝΑΚ ΔΕ Ν̄ΑϨΕΝΕ Ν
ⳈΙΟΟΥΕ ΝΤΔΙΚΟCΥΝΗ
ΠΕΤΑϨCΟΒΤΕ Ν̄ΤCΒΩ
ΝΑϤ ΝΑϢΩΠΕ ⳈΝ̄ϨΝ̄ΑΓΑΘΟ̄
ΟΥCΑΒΕ ΔΕ Ν̄ϨΟΥΟΠΕ ΠΕ
ΤCΩΤΜ̄ Ν̄CΕϨΝ̄ϪΠΙΟ
ΕΠΕΘΕΛΑΚ ΑΝϤ̄ⳈΙΟΟΥΕ
ϨΕΛΑΚ ΑΤϤΨΥΧΗ //ΑΡΩϤ
ΠΕΤΜΕΕΙ Μ̄ΠΩ+Ⳉ ΝΑϮCΟ
18. ΕΡΕΠϢΩC ΜΟϨΕ ⳈΑΘΗ
Μ̄ΠⳈΩϢϤ ϨΜ̄ΜΕΥΕ ΔΕ
ΕΥϨΟΟΥ ⳈΑΘΗ Μ̄ΠϨΕΕΙ
19. ΝΑΝΕΥΡΩΜΕ ΕΜΑϤΚΩ
ΩΝΤ ⳈΝ̄ΟΥΔΙΚΟCΥΝΗ ΜΝ̄
ΟΥΘΒ̄ΪΟ

1. Τ initial ajouté en marge.

⟨Ρ̄Δ̄⟩

[Ν̄ϨΟΥ]˻Є˼ΠЄΤΝΑΠΩϢ Ν̄ϨΝ
[ⳈΩ]˻Λ˼ ΜΝ̄ϨΝ̄ΡΜ̄ЄΥϢΩϹ
20. [Ο]˻Υ˼ΡΜ̄ЄϤΚΝ̄ΑΓΑΘΟΝΠЄ Π
ΡΜ̄Ν̄ϨΗΤ Ν̄ΝϤ̄ϨΒΗΥЄ
ΠЄΤΝΑϨΤЄ ΔЄ ΑΠϪΟЄΙϹ
ΝΑΡΜΑΚΑΡΙΟϹ’ *21.* ⳈΑΡΟΥΩϢ
ΟΝ ΑΝϹΟΦΟϹ ϪЄΝϹΑΒЄ
22. ΟΥΠΗΓΗ Ν̄Ω+ьΠЄ ΠΜЄΥЄ
Ν̄ΝЄΤΑϨΤⳈΠΟϤ ΝΑΥ
ΤϹΒΩ ΔЄ Ν̄ΑΘΗΤ ϨΟΟΥ
23. ⳈΑΡЄΠϨΗΤ Μ̄ΠϹΑΒЄ Ρ̄
ΝΟЄΙ Ν̄ΝЄΤΝ̄ΗΥ ΑΒΟΛ ΝΡΩϤ
ϤΝΑΡΦΟΡΙ ΔЄ Ν̄ΟΥϹΟΟΥ
ΝЄ ϨЄΝϤϹΠΟΤΟΥ
24. ΟΥΒΙЄ ΜΜΟΥΛϨΝЄ ΝϢΑϪЄ
Ν̄ΤϹΟΦΙΑ ϨΝ̄ϹΩΤΜ ΔЄ ЄΥ
ϨΟΛΚΝЄ ΜΝ̄ΟΥΤΛΚΟ ΜΨΥ
ΧΗ

1. **[Ν̄ϨΟΥ]Є**, cfr *supra*, p. 94, l. 11. — *4.* Recul imposé par un défaut du parchemin. **Ν̄ΝϤ̄-**, lire **⟨ь⟩Ν̄ΝϤ̄-**, cfr A S et grec. — *6.* **-ΚΑ-**, *sup. lin.* — *6-7.* **ⳈΑΡΟΥΩϢ**, etc., texte conforme à Vulgate et hébreu. — *7.* Après **-ϹΑΒЄ**, la fin du verset manque; haplographie probable : **⟨ⳈΑΡΟΥϹΩΤΜ̄ Ν̄ϨΟΥΟ ЄΝЄϨΟΛΚ ьΝ̄ΝΟΥϢΑϪЄ⟩** ? — *12.* **-Ν̄ΗΥ**; partout ailleurs **Ν̄ΝΗΥ**; cfr Index. **-Ν̄ΡΩϤ**, lire **⟨ь⟩Ν̄ΡΩϤ**; cfr A S. et *supra* ligne 4 **⟨ь⟩Ν̄ΝϤ̄-**. — *15-17.* Texte bouleversé; lire **ΟΥΜΟΥΛϨ Μ̄ΒΙΩΝЄ**, etc.; cfr A S et grec.

⟨Ⲣ̄Ⲉ̄⟩

25. ΟΥΝϨΝ̄ƅΙΟΟΥⲈ ⲈΡⲈ ΠΡⲰΜⲈ ΜⲈΥⲈ ΑΡΟΟΥ ϪⲈСΟΥСΟΥΤΟΟΝΤ’ ⲈΤΟΥ ƅΑΗ ΚⲰϢΤ ΑΠϢΙⲗϨ Ν̄ΝⲈ ΜΝ̄ΤⲈ’ *26.* 9ΑΡⲈΥΡⲰΜⲈ Ν̄ ΧⲰΡ ϢΠƅΙСⲈ ƅΝ̄ϨΝƅΙСⲈ 9ΑΡϤϪΙ Ν̄ϪΝΑϨ Μ̄ΠϤ ΤⲈⲗΟ’ ΠⲈΤΚΟΟΜΑ ΔⲈ Ν̄ΤΟϤ ΪΝⲈ ΜΠϤΤⲈⲗΟ ϨⲈΤϤΤΑΠΠΡΟ *27.* ⲈΑΡⲈΠΡⲰΜⲈ Ν̄ΑΘΗΤ ϢΙΤⲈ ΝΑϤ СⲈϨΜ̄ΠⲈΘΟΟΥ ⲈϤСⲰΟΥϨ ΝΑϤ ΑƅΟΥΝ Ν̄ ΟΥⲗⲰϨΤ ϨⲈΝϤСΠΟΤΟΥ

3. Lire {СΟΥ}СΟΥΤΟΟΝΤ; dittographie. — *9.* ⟨Ϥ⟩ΪΝⲈ; haplographie possible. — *11.* ⲈΑΡⲈ, le **Α** *sup. lin.*; correction de ⲈΡⲈ (S) en ΑΡⲈ (A) ? cfr *infra* **18**, *15.* — *12.* -ϢΙΤⲈ ΝΑϤ СⲈϨΜ̄-; curieuse variante, ou lapsus pour -ϢΙΚⲈ ΝΑϤ Ν̄ϨΜ̄-, cfr A S et grec ὀρύσσειν; cfr cependant Crum 555*b*, ϢΙΚⲈ S A, ϢΙΤⲈ A. — *13.* -СⲰΟΥϨ, le Ϩ *sup. lin.*

⟨Ρ̄Ϛ̄⟩

28. [9ΑΡΕ]⸤Υ⸥ΡΩΜΕ ΕϤΚΟΟΜΑ
[Ϫ]⸤Ο⸥ΟΥ Ν̄ΟΥϯΤΩΝ
ΑΥΩ 9ΑΡϤΤΜϨΟ Ν̄ΟΥϢΑϨ
Ν̄ϬΡΟϤ Ν̄ΝΕΘΟΟΥ
⸆Ϥϯ Ν̄ΟΥΠΩΡϪ Ν̄ϨΝ̄9ΒΕΕΡ̄
29. 9ΑΡΕΥΡΩΜΕ Μ̄ΠΑΡΑΝΟ
ΜΟϹ Ρ̄ƅΜƅΑΛ Ν̄ΝϤ̄9ΒΕΕΡ̄
9ΑΡϤϪΙΤΟΥ ΑϨΝ̄ƅΙΟΟΥΕ
ΕΝΑΝΟΥΟΥ Ā
30. ΕΡΕΠΕΤΤΑϪΡΟ Ν̄ΝϤ
ΒΕΛΛ ΜΕΥΕ ΑϨΝ̄ϬΡΟϤ
ΑΥΩ ΟΝ 9ΑΡϤΟΥΩΜ' Ν̄ΝϤ
ϹΠΟΤΟΥ ΠΑΪϗ Ν̄ϯΜΙΝ
ΝΕ ΟΥϨΡΩ ⸆Ν̄ΚΑΚΙΑΠΕ
31. ΟΥϬΛΟΜ Ν̄ΤΡΥΦΗΤΕ ΤΜΝΤ
ƅΛΛΟ

7. **Ρ̄ƅΜƅΑΛ**, lapsus pour **Ρ̄ϨΑΛ** (sahidique); cfr S **Ρ̄ϨΑΛ** (var. **Ρ̄ΒΟΛ**), A **ϹΩΒΕ**, grec ἀποπείρασθαι, vulgate *lactare* (= θηλάζειν ?), hébreu *séduire*; cfr *infra*, **19**, *7* même lapsus **Ρ̄ƅΜƅΑΛ** pour **Ρ̄ϨΑϨ**. — *16.* **ƅΛΛΟ**, +⟨**ΕΤΝΑΝΟΥϹ**⟩ oublié en tournant la page ? cfr A S; manque toutefois dans le grec et la Vulgate.

〈Ρ̄Ζ̄〉
ΕΥϢΑΚΙΝΕ ΔΕ Μ̄ΜΟ[Ϥ]
ϨΕΝⳈΙΟΟΥΕ Ν̄ΤΔΙΚ̣ΟϹΥΝ[Η]
32. ΝΑΝΕΟΥΡΩΜΕ Ν̄ϨΑΡϢ
ϨΗΤ ΑΥϪΩΩΡ
ΝΑΝΕΠΕΤΝΑΜΑϨΤΕ Ν̄ΤϤ
ΟΡΓΗ Ν̄ϨΟΥΟΕΙΤ ΑΠΕΤ
ΝΑϪΙ Ν̄ΟΥΠΟΛΙϹ //ΝΑ
33. ΝΕΤϪΙΓΚΟΝϹ ΤΗΡΟΥ ϹΕ
ΤΩΒΑ Ν̄ΟΥϪΙΓΚΟΝϹ ΑϬΟΝΟΥ
ΕΥΝΑϮ ΔΕ Ν̄ΟΥΟΝ ΝΙΒ Ν̄ϨΜ̄
ΜΝΤΜΗΪ ΑΒΟΛ ϨΕΤΜΠΝΟΥΤΕ
17, *1.* ΝΑΝΕΥΟΕΙϬ ⳈΝ̄ΟΥΪΡΗΝΗ
Ν̄ϨΟΥΕΟΥΗΙ ΕϤΜΗϨ Ν̄
ϢΩΩΤ ⳈΝ̄ΟΥϪΙΓΚΟΟΝϹ
2. 9ΑΡΕΥⳈΜⳈΑΛ Ν̄ϹΑΒΕ ΕΜ̄
ΜΑϨΤΕ Ν̄ϨΝϪΙϹΗΥΕ Ν̄ΑΘΗΤ

1. ΕΥϢΑ-, doit être un lapsus pour 9ΑΡΟΥ; le conditionnel répugne au contexte; cfr A S et grec. — *5.* Lire -ΠΕΤΝΑ〈Ε〉ΜΑϨΤΕ. — *8-9.* Construction différente en A S. — *11.* Μ initial sur Τ (?) gratté; -ΤΕ final au-dessus de ΝΟΥ.

⟨P̄H̄⟩
[9AP]⸤Ϥ⸥ΠΩϢ ΔЄ N̄ϨN̄TOOЄ
[A]ϪN̄ϨṆCNHY *3.* ⁺TƅЄ ЄTЄ
9APOYPΔOKKIMAZЄ M̄
ΠNOYB MM̄ΦAT ƅN̄OY
ϫΩϨT' TAÏTЄ TƅЄ ЄTЄ
ΠNOYTЄ NACΩTΠ N̄N̄
ϨHT N̄N̄PΩMЄ
4. 9APЄNЄΘOOY CΩTM N̄CЄ
ΠΛΛAC N̄MΠAPANOMOC
MAPЄΠΔIK̇OC ΔЄ ϮϨTHϤ
CЄϨN̄CΠOTOY N̄KOΛ
6ª. ΠAΠΠICTONΠЄ ΠKOCMOC
THPϤ N̄N̄XPHMA' ЄMN̄TЄ
ΠЄ ΠAΠICTON OYϢN̄ϨOBOΛOC
5. ЄPЄΠЄTCΩBЄ N̄CЄYϨH
ϫЄ

2. ⁺TƅЄ, le T fait de ƅ partiellement gratté et complété. — *9.* Π initial ajouté en marge. — *12.* Lire -ΠICTOC; ce verset *6a* occupe la même place que dans A S. — *14.* Lire ΠAΠICTOC. OYϢN̄- ?, lire OYΔЄ ϨN̄- cfr A S et grec; -ϨOBOΛOC, ΛOC *sup. lin.*

⟨Ρ̄Θ̄⟩
ϮΝΟΥΚϹ Μ̄ΠΕΤΑϨΤϹΕ⌊Ν⌋[ΟϤ]
ΠΕΤΡΑϢΕ ΑϪΝ̄ΠΕΤΝΑ⌊Τ⌋[Ε]
ϪΟ Ν̄ϤΡΒΟΛ ΑΠΕΤΘΟΟΥ
6. ΠϪΛΟΜ Ν̄ϨΝ̄ⳈΛΛΟΕΙΠΕ ϨΝ̄
ϢΗΡΕ Ν̄ϢΗΡΕ' ΠΕΟΟΥ Ν̄
Ν̄ϢΗΡΕΠΕ ΝΟΥΪΟΟΤΕ
7. ΜΑΡΕϨΝ̄ϹΠΟΤΟΥ ΕΥΝϨ
ϨΟΤ Ρ̄ϢΑΥ Ν̄ϨΝ̄ΑΤΘΗΤ
ΟΥΔΕ ϹΠΟΤΟΥ Ν̄ΚΟΛ ΝΟΥⳈΡ̄
ϢΑΥ Ν̄Ν̄ΔΙΚΑΙΟϹ
8. ΟΥΒΕϪΕ Ν̄ϨΜΟΤΤΕ Τ
ϹΒΩ Ν̄ΝΕϮΡΕ Μ̄ΜΟϹ
ΠΜΑ ΕΤΕϹΝΑϪΟΤϹ ΑΡΟϤ
ΝΑϹΟΟΥΤΝ' *9*. ΕΡΕΠΕΤϨΩΠ
Ν̄ϨΝϪΙΓΚΟΝϹ ϢΙΝΕ Ν̄ϹΕΥ
ΜΝΤⳈΒΗΡ

3. -Ρ̄ΒΟΛ, +⟨Α⟩; cfr A S. — *9-10*. La 1re main avait 9 : **ΟΥΔΕ ϹΠΟΤΟΥ Ν̄** 10. **ΚΟΛ Ν̄Ν̄ΔΙΚΑΙΟϹ**, comme A S; une 2e main a ajouté à la ligne 9 : **ΚΟΛΝΟΥⳈΡ̄**, et, à la ligne 10, elle a refait un grossier **Ϣ** sur **ΚΟ**, a converti le **Λ** en **Α**, a ajouté **Υ**. *sup. lin.* — *14*. La 1re main **ΕΠΕΤ-**; elle a ajouté un **Ε** au-dessus du premier **Ε** et intercalé un **Ρ**.

⟨Ⲣ̄Ⲓ̈⟩

[ⲠⲈⲦ]ⲘⲞⲤⲦⲈ Ⲛ̄ϨⲞⲠⲞⲨ ⲚⲀ

[ⲠⲢ]Ⲭ̱ϨⲚ̄9ⲂⲎⲢ ⲘⲚ̄ϨⲚ̄ⲢⲘ̄Ⲛ̄ϨⲎⲦ

10. 9ⲀⲢⲈⲨⲈⲂⲀⲚ ⳉϢϤⲪⲎⲦ Ⲛ̄

ⲠⲤⲀⲂⲈ ⲈⲨⲢⲘⲀⲤⲦⲒⲄ

ⲄⲞⲨ Ⲙ̄ⲠⲀⲐⲎⲦ ⲘⲀϤⲈⲤⲐⲀⲚⲈ

11. 9ⲀⲢⲈⲚⲈⲐⲞⲞⲨ ⲦⲎⲢⲞⲨ

ⲦⲞⲨⲚⲤ̄ϨⲚ̄ⲞⲨⲰⲰϨϨⲘ̄

ⲠⲚⲞⲨⲦⲈ ⲚⲀⲦⲚⲚⲞⲞⲨ ⲚⲀⲨ

Ⲛ̄ⲞⲨⲀⲄⲄⲈⲖⲞⲤ Ⲛ̄ⲀⲦⲚⲀⲈ

12. ⲠⲢⲞⲞⲨϢ ⲚⲀⲦⲈϨⲈⲞⲨⲢⲰⲘⲈ

Ⲛ̄ⲤⲀⲂⲈ' ⲈⲢⲈⲚⲀⲐⲎⲦ ⲆⲈ

ⲘⲈⲨⲈ ⲀϨⲘ̄ⲠⲈⲦⲐⲞⲞⲨ

13. ⲠⲈⲦⲚⲀϮ Ⲛ̄ϨⲘ̄ⲠⲈⲐⲞⲞⲨ

ⲀⲠⲘⲀ⁻ Ⲛ̄ϨⲘ̄ⲠⲈⲦⲚⲀⲚⲞⲨⲞⲨ

ⲠⲈⲐⲞⲞⲨ ⲚⲀϫⲒⲘ' Ⲁ ⳉⲘ̄ⲠϤⲎⲒ

14. 9ⲀⲢⲈⲦⲀⲢⲬⲎ Ⲛ̄ⲦⲆⲒⲔⲞⲤⲨⲚⲎ

2. -ⲢⲘ̄Ⲛ̄ϨⲎⲦ, suspect; cfr A S -ⲢⲘ̄Ⲛ̄ⲎⲒ̈, grec οἰκείους. — *3*. -ⲈⲂⲀⲚ, cfr *supra*, **14**, *17*, -ⲈⲂⲀ̄ = B (Ⲉ)ⲘⲂⲞⲚ.

⟨Ⲣ̄Ⲓ̄Ⲁ̄⟩
+ Ⲛ̄ⲞⲨⲈⲜⲞⲨⲤⲒⲀ
ⲠⲈⲦⳂⲦⲢⲦⲞⲢⲦ ⲆⲈ ⲘⲘ̄Ⲡ
ⲘⲒⳂⲈ ⲘⲞϨⲈ ⳈⲘ̄ⲠⲢⲔⲢⲰϨ
15. ⲠⲈⲦⲚⲀⲢⲔⲢⲒⲚⲈ ⲆⲈ Ⲙ̄ⲠⲆⲒ
ⲔⲞⲤ ϪⲈⲨⲀⲆⲒⲔⲞⲤⲠⲈ' ⲤⲈⲞ
Ⲙ̄ⲂⲞⲦⲞ Ⲙ̄ⲠⲤⲚⲀⲨ ⲚⲀϨⲢⲘ̄
ⲠϪⲞⲈⲒⲤ //ⲬⲢⲎⲘⲀ
16. ⲈⲦⲂⲈⲞⲨ' ⲞⲨⲚ̄ⲦⲈⲚⲀⲐⲎⲦ
ⲘⲘ̄ⲔⲞⲘ ⲄⲀⲢ Ⲛ̄ⲦⲈⲠⲀⲐⲎⲦ
ⲦⳂⲠⲈⲦⲤⲞⲪⲒⲀ
16ᵃ. ⲈⲢⲈⲠⲈⲦϪⲒⲤⲈⲈ Ⲙ̄ⲠϤⲎⲒ
ϢⲒⲚⲈ Ⲛ̄ⲤⲈⲨⳈⲰⲰϢϤ
ⲠⲈⲦⲔⲞⲞⲘⲀ ⲆⲈ ⲀϪⲒⲤⲂⲰ
ⲚⲀϨϨⲈⲈ̄ ⲀϨⲘⲠⲈⲐⲞⲞⲨ
17. ⲘⲀⲦⲈⲠⲔⳂⲂⲎⲢ ⳂⲰⲠⲈ
ⲚⲀⲖ ⳈⲘ̄ⲘⲀ ⲚⲒⲂ

2. Lire ? ⲠⳂⲦⲞⲢⲦⲢ, grec στάσις. — *5.* Après -ⲀⲆⲒⲔⲞⲤⲠⲈ, omission par haplographie évidente ⟨ⲀⲨⲰ ⲠⲀⲆⲒⲔⲞⲤ ϪⲈⲞⲨⲆⲒⲔⲞⲤⲠⲈ⟩; cfr A S, grec. ⲤⲈⲞ, le Ⲥ sur Ⲉ gratté. — *6.* Lire Ⲙ̄ⲂⲞⲦⲈ. — *14.* -ⲚⲀϨϨ-, le 1er Ϩ sur lettre grattée (?). — *15.* -ⲠⲔ-, le Ⲕ au lieu de Ⲗ.

⟨Ρ̄ῙΒ̄⟩
[Ν̄ΤΕ]‾λCΝΗΥ 9ΩΠΕ ΝΑλ Ν̄
[Ϣ]Α̣Υ̣ ьΝ̄ϨΝ̄ΑΝΑΓΚΗ
ΕΥΤ9ΠΟ ΓΑΡ Μ̄ΜΟΟΥ ΑΠΙϨΩΒ
18. ΠΡΩΜΕ Ν̄ΑΘΗΤ 9ΑΡΚΝΤC
ΕϤΡΑϢΕ ΑϪΩϤ ΟΥΑΑΤϤ
ΕϤϢΑΡ̄ΠϢΤΩΡΕ ьΝ̄ΟΥΠ
ΠϢΤΩΡΕ Ν̄ΝϤ̄9ΒΕΕΡΡ
9ΑΡΕΠCΑΒΕ ΔΕ ΟΥΕΕ ΑΒΟΛ
Ν̄ϨΜ̄ΠϢΤΩΡΕ' *19.* 9ΑΡΕΠΜΑΪ
ΝΟΒΕ ΡΑϢΕ ьΝ̄ϨΜ̄ΜΙ9Ε
20. ΑΥΩ ΝΕΠΝΑ9ΤϨΗΤ
ΤΩΜΤ' ΑΠΠΕΤΝΑΝΟΥϤ
ΠΡΩΜΕ ΕΤ9ΑΡΠΟΝΑϤ
ьΜ̄ΠϤϢΑϪΕ ΝΑϨΕΕ ΑϨΜ̄
ΠΕΘΟΟΥ' *21.* ΟΥΜ̄λΑϨ ΔΕ ΝϨΗΤ
ΠΕΥϨΗΤ Ν̄ΑΘΗΤ Μ̄ΠΕΤΝΑ

4. 9ΑΡΚΝΤC, incorrect; faut-il lire 9ΑΡλΚΝΤϤ ? Ce qui est loin des autres témoins qui ont l'équivalence du grec ἐπιχροτεῖν. — *6, 7, 9.* -ΠϢ-, métathèse de -ϢΠ-. — *8.* -ΒΕ, *sup. lin.* ΟΥΕΕ, traces entre Υ et Ε. — *11.* ΝΕ-, futur négatif; cfr *infra* **19**, *7*. — *13.* Lire ΕΤ9ΑΡ⟨Ϥ̄⟩ΠΟΝΑϤ.

⸤Ρ̄ῙΓ̄⸥

ΤⳈΠΟϤ ΝΑϤ’ ΜΝ̄ΟΥΪΩ⸤Τ⸥ [ΝΑ] ЄΥΦΡΑΝЄ ΑϪΝ̄ΟΥϢΗΡЄ ⸤Ν⸥ ΑΤϹΒΩ *22*. ⳈΑΡЄΦΗΤ ΔЄ Ν̄Ν⸤Є⸥ ΤЄΥΦΡΑΝЄ ϯΜ̄ΤΟΝ ΝΑΥ Ν̄ϪЄЄϹ Μ̄ΠΡΜ’ЄΤΡΛΥΠΗ ΝΑϢΟΥΩΟΥ’ *23*. ΠΑϹЄΒΗϹ ΔЄ ЄΤϪΙΔΩΡΟΝ ΑϪΟΝϤ̄ ΝΑΡΙ ϪЄ ΑΒΟΛ Ν̄ΤЬΙΗ Ν̄Ν̄ΔΙΚΟϹ *24*. ΟΥϹΟΦΟϹΠЄ ΠϨΟ Μ̄ΠΡΩ ΜЄ Ν̄ϹΑΒЄ’ ϹЄΝΑΪΝЄ ΔЄ Ν̄Μ̄ΒЄΛΛ Μ̄ΠΑΘΗΤ ΑΠϪΑϨ *25*. ΟΥϨΟΡΓΗ Ν̄ΟΥΪΩΤ ΠЄΥ ϢΗΡЄ Ν̄ΑΘΗΤ’ ΟΥΜ̄ϪΑϨ Ν̄ϨΗΤ ΟΝΠЄ Ν̄ΤЄΤΑϨΤⳈ ΠΟϤ

Première page du cahier VIII; vagues restes de la pagination. — *3*. La dernière incise du verset *21* manque, selon A S et grec; cfr toutefois Vulgate et hébreu. — *8*. **Ν̄Ν̄ΔΙΚΟϹ**, cfr A S et grec **Ν̄ΤΔΙΚΑΙΟϹΥΝΗ**. — *10-11*. **ϹЄΝΑΪΝЄ**, etc., diffère de A S.

⟨Ⲣ̄Ⲓ̄Ⲇ̄⟩

26. [ⲚⲀⲚ]ⲈⲦⲈⲨⲢⲰⲘⲈ Ⲁ̄ Ⲛ̄ⲆⲒⲔ
[ⲞⲤ] ϯⲞⲤⲈ’ ⲞⲨⲆⲈ ⲘⲀϢⲈ ⲞⲚ
ⲀⲢⲈⲠⲒⲂⲞⲨⲖⲈⲨⲈ ⲀϨⲚ̄ⲆⲨ̄
ⲚⲀⲤⲦⲎⲤ Ⲛ̄ⲆⲒⲔⲀⲒⲞⲤ
27. ⲞⲨⲤⲀⲂⲈⲠⲈ ⲠⲈⲦⲚⲀϯⲤⲞ
ⲀⲦⲈⲨⲈⲞⲨϢⲀϪⲈ ⲈϤⲚⲀⳈⲦ
ⲞⲨⲤⲀⲂⲈ ⲆⲈⲠⲈ ⲠⲢⲰⲘⲈ Ⲛ̄ϨⲀ
Ⲣ̄ϢϨⲎⲦ’ ⲤⲈⲚⲀⲞⲠⲤ ⲀⲢⲞϤ
ⲀⲨⲤⲞⲪⲒⲀ’ *28*. ⲤⲈⲚⲀⲞⲠⲤ ϨⲰϤ
ⲀⲨⲤⲞⲪⲒⲀ ⲘⲠⲀⲐⲎⲦ ⲈϤϢⲀ
ϢⲒⲚⲈ Ⲛ̄ⲤⲰⲤ ϤⲚⲀⳈⲰⲠⲈ
ⲆⲈ ⲈϤⲞⲞ⊥Ϣ ⊥ⲄⲔⲚⲦⲤ ⲈⳈ
ϪⲈ ⲨⲤⲀⲂⲈⲠⲈ’ **18**, *1*. ⳈⲀⲢⲈⲠⲢⲰⲘⲈ
ⲈⲦⲞⲨⳈⲠⲰⲢϪ ⲀⲚϤⳈⲂⲈⲈⲢ̄
ϢⲒⲚⲈ ⲤⲈϨⲚ̄ⲖⲞⲞⲈⲒⲄⲔⲈ

Manque un folio (p. Ⲣ̄Ⲓ̄Ⲉ̄ - Ⲣ̄Ⲓ̄Ⲋ̄)

1. ⲢⲰⲘⲈ, le Ⲉ sur Ⲁ gratté. — *8*. -ⲞⲠⲤ, le Ⲡ sur grattage; ⲤⲈⲚⲀⲞⲠⲤ ⲀⲢⲞϤ ⲀⲨⲤⲞⲪⲒⲀ, est à supprimer comme doublet du verset suivant. — *11*. ϢⲒⲚⲈ, le Ϣ sur ⳉ gratté. — *12*. ⲞⲞ⊥Ϣ, forme sahidique; lire ⲞⲞ⊥Ⳉ. — *13*. -ⲘⲈ final, de 2ᵉ main.

⟨Ρ̄ῙΖ̄⟩

ΑΥϹΟΦΙΑ’ *10.* ΠΡΙΝ ΜΠϪΟ⌞Ε⌟[ΙϹ]
ΟΥΟΝϨ ΑΒΟΛ ⳈΝ̄ΤΜΝΤΝΑ[Κ]
Ν̄ΤϤΚΟΜ’ Ν̄ΔΙΚ̣ΟϹ ΝΑϪΙϹΕ
ⳈΜ̄ΠΤΟΥΠΩΤ ΑΡΑΤΤϤ
11. ΠΤϨΠΟ Ν̄ΟΥΜΝΤΡΜΜΑΟ
Μ̄ΠΡΩΜΕ ΠΕΥΠΟΛΙϹ
ΕϹΤΑϪΡΟΕΙΤ //ϨΟΥΟ
ΠϹΕΟΟΥ ΔΕ Ρ̄ⳈΟΕΙΒΕ Ν̄
12. ΦΗΤ Μ̄ΠΡΩΜΕ ϪΙϹϹΕ ⳈΑ
ΘΗ Μ̄ΠⳈΩϢϤ //ΘΟΟΥ
ϨΑΡϤΘΒΪΟ ⳈΑΘΗ Μ̄ΠΕ
13. ΠΕΤΝΑϢΑϪΕ ⳈΑΘΗ Μ̄ΠΑ
ΤϤϹΩΤΜ ΟΥΜΝΤΑΘΗΤ
ΝΑϤΤΕ ΜΝ̄ΟΥΝΟΚΝΚ
14. ϨΑΡΕΥΟΥⳈΜⳈΑΛ ΕΝΑΝΟΥϤ
ΤΛΓΚΕΟΥΚΩΩΝΤ

1. ΑΥϹΟΦΙΑ, n’a rien qui lui corresponde chez les autres témoins. — *10.* ΘΟΟΥ, lapsus pour ΟΟΥ; cfr grec δόξης. — *14.* ΝΑϤ, Α *sup. lin.*

⟨P̄Ī H̄⟩
[NIM] ˪П˩ЄTNA9ϤI ьAYPΩMЄ
˪N˩ϨHT 9HM' *15.* ΦHT M̄ПCABЄ
NAT9ПO N̄TACΘHCIC
ЄAPЄ ПMAϢTA ΔЄ N̄N̄{ϣ}
COΦOC ϢINЄ N̄CЄYMЄYЄ
16. 9APЄN̄TAÏO M̄ПPΩMЄ
OYOC9Ϥ ABOΛ' AYΩ 9APOY
CYNϨICTA M̄MOϤ N̄ϨNNAK
17. 9APЄПΔIKOC P̄KATHГOPI
M̄MOϤ OYAATϤ ьM̄ПϤ9PП
N̄ϢAϪЄ' CЄNAϪПIЄ
ПЄTOYBHϤ ΔЄ ьM̄ПЄ
TЄϤNAϨOYTOOTϤ APOϤ
18. 9APЄYKΛHPOC TΛKЄϨN
OYΩϨϨM̄' 9APϤTΩϢ ϨN̄N̄
NAK *19.* ЄPЄYCON ЄYP̄BOH
ΘI APOϤ ϨЄTN̄OYCCON

2. **9HM**, le **M** sur **П** gratté. — *4.* **ЄAPЄ**, le **A** *sup. lin.*; correction de **ЄPЄ** (S) en **APЄ** (A), comme *supra*, **16**, *27.* **N̄N{ϣ}**, le **ϣ**, ou **CΦ** gratté. — *8.* Lire **⟨ь⟩N̄ϨN̄NAK**. — *9.* **9APЄ-**, le **9** ajouté en marge; **A** sur un **Є** gratté; correction de **ЄPЄ** en **9APЄ**. — *15.* **TΩϢ**, cfr A S **ПΩϢ**. **ϨN̄N̄-**, forme S pour **ьN̄N̄-**.

⟨Ⲣ̄ⲒⲐ̄⟩
Ⲟ Ⲛ̄ⲦⳈⲈ Ⲛ̄ⲞⲨⲠⲞⲖⲒⲤ Ⲉ[ⲤⲞⲢϪ]
ⲀⲨⲰ ⲈⲤϪⲞⲤⲤⲈ' ϤⲔⲚⲔⲞⲘ
ⲆⲈ ⲦⳈⲈ Ⲛ̄ⲞⲨⲘⲚⲦⲢ̄ⲢⲞ ⲈⲤⲞⲢⲖ
20. ⲈⲢⲈⲠⲢⲰⲘⲈ ⲚⲀⲘⲀϨ ⳈⲎⲦϤ
ⲀⲂⲞⲖ Ⳉ̄Ⲛ̄Ⲛ̄ⲔⲀⲢⲠⲞⲤ Ⲛ̄ⲢⲰϤ
ⲈϤⲚⲀⲤⲒ ⲆⲈ Ⲛ̄Ⲛ̄ⲔⲀⲢⲠⲞⲤ Ⲛ̄
ⲚϤ̄ⲤⲠⲞⲦⲞⲨ' *21.* ⲈⲢⲈⲠⲘⲞⲨ
ⲘⲘ̄ⲠⲰ̄Ⳉ Ⳉ̄Ⲛ̄ⲦⲔⲒϪ Ⲙ̄ⲠⲖⲀⲤ
ⲠⲈⲦⲈⲘⲀϨⲦⲈ ⲆⲈ Ⲙ̄ⲘⲞϤ
ⲚⲀⲨⲰⲘ̄ Ⲙ̄ⲠϤⲔⲀⲢⲠⲞⲤ
22. ⲠⲈⲦⲀϨⲔⲚ̄ⲞⲨϨⲤⲒⲘⲈ ⲈⲚ
ⲚⲀⲚⲞⲨⲤ ⲀϤⲔⲒⲚⲈ Ⲛ̄ⲚⲞⲨϨ
ϨⲘⲞⲦ' ⲀϤϪⲒ ⲆⲈ Ⲛ̄ⲞⲨⲞⲨ
ⲢⲞⲦ' ⲀⲂⲞⲖ ϨⲈⲦⲘ̄ⲠⲚⲞⲨⲦⲈ
22a. ⲠⲈⲦⲚⲀⲂⲖ̄ⲞⲨϨⲤⲒⲘⲈ' ⲈⲚⲀ
ⲚⲞⲨⲤ ⲀⲂⲞⲖ ⲀϤⲂⲖ̄ϨⲚ̄ⲀⲄⲀⲐⲞ̄

3. Lire ⟨Ⲛ̄⟩ⲦⳈⲈ. ⲈⲤⲞⲢⲖ, lapsus pour ⲈⲤⲞⲢϪ; cfr A S, grec. — *15, 16.* **-ⲂⲖ̄-**, cfr supra **1**, *14* **ⲂⲰⲔ̄**; **6**, *9* **ⲂⲎⲖ**; correspondent à A **ⲦⲰⲔⲈ**, **ϯⲔⲈ**, **ⲚⲞⲨϪⲈ**, et à S **ⲚⲞⲨϪⲈ**. Est-ce un lapsus pour **ⲦⲰⲖ**, **ⲦⲎⲖ**, **ⲦⲖ̄-** (cfr Crum 403*b* sous **ⲦⲰⲔ**, et 404*a* sous **ϯⲔⲈ**) ? ou encore **ⲂⲰⲖ** 2ᵉ, Crum, 30*a* : *rare, but in Theban documents*, signifiant *put into, add to, send* ? ou est-ce un mot nouveau ?

⟨Ⲣ̄Ⲕ̄⟩

[ⲠⲈⲦ]ⲚⲀⲔⲰ ⲆⲈ ⲘⲚ̄ⲞⲨϨⲤⲒⲘⲈ
[Ⲛ̄]ⲚⲞ{ⲨⲈ}ⲈⲒⳋ ⲞⲨⲀⲐⲎⲦⲠⲈ
ⲀⲨⲰ ⲞⲨ9ⲀϤⲦⲠⲈ
19, *3*. 9ⲀⲢⲈⲦⲘⲚⲦⲀⲐⲎⲦ Ⲙ̄ⲠⲢⲰⲘⲈ
ⲦⲈⳋⲈⲚϤ̄ⳉⲒⲞⲞⲨⲈ //ⳉⲘⲠϤϨⲎⲦ
9ⲀⲢϤⲔⲘ̄ⲀⲢⲒⳋⲈ ⲆⲈ ⲀⲠⲚⲞⲨⲦⲈ
4. 9ⲀⲢⲈⲦⲘⲚⲦⲢⲘ̄ⲘⲀⲞ Ⲧ9ⲠⲈ
ϨⲀϨ ⸗9ⲂⲎⲢ’ 9ⲀⲢⲈⲪⲎⳋⲈ
ϨⲰϤ ⲠⲰⲢϪ ⲀⲂⲞⲖ Ⲙ̄ⲠϤⳋⲈⲨⲒ̈
5. ⲘⲚ̄ⲘⲚ̄ⲦⲦⲢⲈ Ⲛ̄ⲞⲨϪ ⲚⲀⲢⲂⲞⲖ
ⲠⲈⲦⲢ̄ⲈⲄⲔⲀⲖⲒ ⳉⲚ̄ⲞⲨϪⲒⲄ
ⲔⲞⲞⲚⲤ ⲚϤ̄ⲚⲞⲨϨⲘ̄
6. ϨⲀϨ ⲆⲈⲚⲈ ⲚⲈⲦϢⲘϢⲈ Ⲙ̄
ⲠⲘ̄ⲦⲞ ⲀⲂⲞⲖ Ⲛ̄Ⲣ̄ⲢⲰⲞⲨ
ⲚⲈⲐⲞⲞⲨ ⲆⲈ ⲦⲎⲢⲞⲨ ⲚⲀⲦⲈⳋⲞ
ⳉⲚⲞⲨϨⲞⲞⲨ Ⲛ̄ϮⲢⲰⲘⲈ

2. {ⲨⲈ}, gratté. — *10*. Lire Ⲛ̄⟨Ⲛ⟩ⲞⲨϪ; cfr A S Ⲛ̄ϬⲀⲖ, Ⲛ̄ϬⲞⲖ. ⲚⲀⲢⲂⲞⲖ, ajouter ⟨ⲀϨⲚ̄ⲠⲈⲐⲞⲞⲨ⟩ ? comme A S. — *12*. ⲚⲞⲨϨⲘ̄, le Ⲛ sur Ⲙ gratté. — *14*. Lire ⟨Ⲛ̄⟩Ⲛ̄Ⲣ̄ⲢⲰⲞⲨ. — *15-16*. ⲚⲀⲦⲈⳋⲞ, etc.; cfr S ⲚⲀϢⲰⲠⲈ ⲈⲨⲚⲞϬⲚⲈϬ Ⲙ̄ⲠⲢⲰⲘⲈ, comme le grec.

⟨Ρ̄Κ̄Α̅⟩

7. 9ΑΡΕΠΜΕΥΕ ΕΤΝΑΝΟ̣Υ̣[Ϥ]

ⲬΝΟϤ ΑΝΕΤϹΟΟΥΝΕ Μ̄ΜΟϤ

ΝΕΠΡΩΜΕ ΔΕ Ν̄ΑϹΕΒΗϹ ϨΕΕ ΑΡΟϤ

ΟΥΟΝ ΔΕ ΝΙΒ ΕΤΝΑΜϹ̄ΤΕΟΥϹΟ̄

Ν̄ϨΗϪΕ ΝΑΥΕΕ ΟΝ Ν̄ΟΥΜΝΤ9ΒΗΡ

ΠΕΤΡⳈΜⳈΑΛ Μ̄ΠΕΘΟΟΥ ΝΑ{Ι}

ϪΩΚ ΑΒΟΛ ⳈΝ̄ΟΥΚΑΚΙΑ

ΠΕΤϪΟϪϪ ΔΕ ⳈΝ̄Ν̄Ϥ̄ϢΑϪΕ

{Ⳉ}Ν̄ΑΥϪΗΕΙΤΤΕ Α

8. ΠΕΤ9ΠΟ ΝΑϤ Ν̄ΤΜΝΤΡΜ̄Ν̄

ϨΗΤ ΕϤΜΕΕΙ Μ̄ΜΟϤ ΟΥΑΑΤϤ

ΠΕΘΕΛΑΚ' ΑΤΜΤϹΑΒΕ ΝΑ

ϨΕΕ ΑϨΜΠΕΤΝΑΝΟΥΟΥ

9. ΠΕΤΝΑΤΜ̄ϨΕΟΥΚΑΚΙΑ ΔΕ

ΝΑΤΕϪΟ' *10.* ΜΑΝΕΤϹΟΥΤΩΝ

Ρ̄ΝΟϤΡΕ Μ̄ΠΑΘΗΤ ΑΤΕΥ

ⳈΜⳈΑΛ Ρ̄ϪΟΪϹ ΑΠϤϪΟΪϹ ⳈΝ̄ΟΥ

ϢΩϹ

3. **ΝΕ-**, futur négatif (cfr *supra*, **17**, *20*); d'où, **Ν̄ΑϹΕΒΗϹ** au lieu de **Ν̄ϹΑΒΕ** (A S, φρόνιμος); remaniement fort vraisemblable. — *6.* **-ΡⳈΜⳈΑΛ**, lapsus pour **-Ρ̄ϨΑϨ**; cfr A S et grec. {Ι} lettre grattée. — *7.* Lire {Ⳉ}**Ν̄ΟΥΚ-**; c'est le régime direct. — *9.* {Ⳉ} gratté; **Α** suivant sur une autre lettre. — *10.* Lire **ΠΕ⟨Τ⟩Τ9ΠΟ**. — *12.* Lire **Μ⟨Ν̄⟩ΤϹΑΒΕ**. — *14.* La 1re incise du verset *9* manque. — *15.* **ΝΑΤΕϪΟ**, on attend en plus **⟨Ν̄ⳈΗΤϹ̄⟩**; cfr A S et grec. **ΜΑ-**, pour **ΜΝ̄-**; cfr A S, et Crum 168*a*. — *15-17*. Remaniement probable; cfrA S.

⟨Ⲣ̄Ⲕ̄Ⲃ̄⟩

11. [9A]⌞Ⲣ⌟ЄⲠⲚⲀϨⲦ Ⲛ̄ⲢⲰⲘЄ

[ϩ]ⲢⲞϢ Ⲛ̄ϩⲎⲦ ЄⲢЄⲠϤϢⲞⲨϢⲞⲨ

ⲆЄ Ⲛ̄ⲚⲎⲨ ⲀϪⲚ̄Ⲙ̄ⲠⲀⲢⲀⲚⲞⲘⲞⲤ

12. ЄⲦⲀⲠⲒⲖⲎ Ⲛ̄ⲞⲨⲢⲢⲞ'

Ⲟ Ⲛ̄ⲦⳈЄ Ⲙ̄ⲠϢЄϩⲞⲘ Ⲛ̄ⲘⲞⲨⲒ

ЄⲢЄⲠϤⲞⲨⲢⲞⲦ Ⲟ̄ Ⲛ̄ⲦⳈЄ Ⲛ̄

ⲞⲨⲒ̈ⲰⲰⲦЄ' ЄⲤϩЄⲨⲬⲞⲢⲦⲞⲤ

13. ⲞⲨϢⲒⲠЄ Ⲛ̄ⲞⲨⲒ̈ⲰⲦ ⲠЄⲨ

ϢⲎⲢЄ Ⲛ̄ⲀⲐⲎⲦ' ⲚⲀⲚⲞⲨϩⲚ̄

ⲢⲎⲦ' Ⲁ̄ ⲀⲂⲞⲖ ⳈⲚ̄ⲞⲨⲂЄⲖЄЄ

Ⲛ̄ϩЄⲦЄⲢⲀ' *14.* Є9ⲀⲢЄⲚ̄Ⲓ̈ⲞⲞ̄

ⲦЄ ⲠϢ̄Ⲏ̄Ⲓ̈ ϩЄϩⲚⲀⲨ ⲀϪⲚ̄Ⲛ̄

ϢⲎⲢЄ //ϩⲤⲒⲘЄ

Є9ⲀⲢЄⲠⲢⲰⲘЄ' ϢⲚ̄⊥ЄⲨ

ⲀⲂⲞⲖ ϩЄⲦⲘ̄ⲠⲚⲞⲨⲦЄ

15. 9ⲀⲢЄⲨⲘⲚⲦⲔⲰⲂ ЄⲘⲀϩⲦЄ

Ⲙ̄ⲠⲔⲀⲂϩⲎⲦ

5. Lire Ⲙ̄Ⲡ⟨Є⟩ϢЄϩⲞⲘ Ⲛ̄⟨ⲞⲨ⟩ⲘⲞⲨⲒ ? — *7.* ЄⲤ-, à supprimer, ou lire ЄⲤϩ⟨ЄЄ⟩ЄⲨ-. — *11.* -ϩЄⲦЄⲢⲀ = ἑταίρα. — *14.* ϢⲚ̄⊥ЄⲨ-, lapsus, ou rétro-assimilation de ϢⲚⲂЄⲨ-.

⟨Ρ̅Κ̅Γ̅⟩
ΤΨΥΧΗ ΔЄ Ν̅ΟΥΑΡΓΟC Ν⌞Α⌟[ϨⲀΟ]
16. ΠЄΘЄΛΑΚ ΑΤЄΝΤΟΛΗ
ЄϤϨЄΛΑΚ ΑΤϤΨΥΧΗ
ΠЄΤΝΑΡ̅ΚΑΤΑΦΡΟΝΙ ΔЄ
Ν̅ΝϤ̅ⳈΙΟΟΥЄ ϤΝΑΜΟΥ
17. ЄΡЄΠЄΤΝΑЄ Ν̅Ν̅ϨΗⲀЄ
Ϯ ΑΤϤΜΗCCЄ Μ̅ΠΝΟΥΤЄ
ϤΝΑΤΟΥΟΟ ΔЄ ΝΑϤ ΚΑΤΑ
ΠϤϮ' ЄΡЄΠΟΥΙ ΓΑΡ ΠΟΥΙ
ΝΑϪΙ ΚΑΤΑ ΝϤ̅ϨΒΗΥЄ
18. ϮCΒΩ Μ̅ΠⲀϢΗΡЄ' ЄϤΝΑ
ΑΪΗΗΪΤЄ ΓΑΡ Ν̅ϮⳈЄ //ΠЄ
ΜΝ̅ϪΑCΤⲀ ⳈΜ̅ΠⲀϨΗΤ ϪЄΥϢΩC
19. ΠЄΤΜЄΥЄ ΑΠЄΘΟΟΥ ΝΑϮ
ΟΟ̅CЄ Ν̅ϨΟΥΟ' ЄϤϢΑϪΩⳈΜ̅Κ
ϤΝΑΟΥΩΜ̅ Μ̅ΠϤϨΗΤ

7. **Ϯ ΑΤϤΜΗCCЄ**; étant donné le traitement assez fréquent de **ϩ** (faible, cfr Introduction), on pourrait lire, avec S : **Ϯ ⟨Ϩ⟩ΑΤ ЄΜΗCЄ**; toutefois cfr A **Ϯ ΑΜΗCЄ** = δανίζειν du grec; cfr *infra* **20**, *4* **ΑΠϤ̅ΚΟC**. — *8.* **-ΤΟΥΟΟ**, lire ? **-ΤΟΥ⟨Ι⟩ΟΟ**. — *16.* **ϤΝΑΟΥΩΜ̅**, lire avec A S **ϤΝΑΟΥΩ⟨Ϩ⟩Μ̅**, comme l'indique le **Μ̅** avec son trait (autre cas de **ϩ** faible) ?

⟨Ρ̄Κ̄Δ̄⟩

ΪΩΤ

20. [ϹΩΤ]Μ ΠΑϢΗΡЄ ΑΤϹΒΩ ΜΠⲆ
[Ϫ]ЄⲆΑΡϹΟΦΟϹ ⳈΝ̄ΤⲆⳈΑΗΗ
21. ΟΥΝ̄ϨΑϨ Μ̄ΜЄΥЄ ⳈΜ̄ΦΗΤ
Μ̄ΠΡΩΜЄ' ΠϢΟϪΝЄ ΔЄ
ЄΤΑΪΟЄΙΤΠЄ ΠЄΤΟΟΡϪ
22. ΠΚΑΡΠΟϹ Μ̄ΠΡΩΜЄΤЄ Τ
ΤΜΝΤΝΑЄ' ΝΑΝЄΟΥϨΗⲆЄ
Ν̄ΔΙΚΟϹ ΑΥΡΜ̄ΜΑΟ ЄϤϪЄΚΟΛ
23. ЄΡЄΘΟΤЄ Μ̄ΠϪΟЄΙϹ
Ρ̄ϨΩΒ ΑΠΩ+Ⳉ' ЄΡЄΠЄΤ
ΠΛΑΝΑ ΔЄ ΝΑ9ΩΠЄ ⳈΝ̄
ϨΜ̄ΜΑΑ' ЄΡЄΠЄΤΠΛΑΝΗ
ΔЄ ΝΑ9ΩΠЄ ⳈΝ̄ϨΜ̄ΜΑΑ
ΑΠΜΑ Ν̄ΝЄΤЄΥΚΙΝЄ Α
Μ̄ΠΟΥϢΙΝЄ ϢΑΑΝΗϨЄ

5. **ЄΤΑΪΟЄΙΤΠЄ**, n'a rien qui corresponde chez les autres témoins qui ont : grec τοῦ κυρίου; A S **Μ̄ΠΝΟΥΤЄ**; Vulg. *Domini.* Lapsus probable pour **Μ̄ΠϪΟЄΙϹ**; le **ΠЄ** serait une dittographie de la syllabe suivante. — *10-13.* **ЄΡЄΠЄΤ-**, etc.; l'incise est écrite deux fois. **-ΠЄΤΠΛΑΝΑ(-ΝΗ)**, cfr A S et grec ἄφοβος. — *14-15.* Remaniement.

⟨Ρ̄Κ̄Ε̄⟩

24. ΠΕΤΚΩΛϪ Ν̄ΝϤ̄ΚΙϪ Αλ⌞Ο⌟
[Ν]Ϥ̄ ьΝ̄ΟΥϪΙΓΚΟΟΝϹ
⌞Ν⌟Ϥ̄⸆ΤΟΥ ΟΝ ΑΡΩϤ
25. ьΡΗΙΚ ьΝ̄ϨΝ̄ьΙϹϹΕ 9ΑΡΕ
⌞Π⌟ΑΤΘΗΤ ΜΟΥϢΤ Μ̄ΜΟϤ Ν̄ϨΟΥΟ
ΕλϢΑϪΠΙ{ΟΔ}Ε{Ν̄}ΟΥΡΩΜΕ
Ν̄ϹΑΒΕʼ ϤΑΡΝΟΪ Ν̄ΟΥΑϹΘΗϹΙϹ
26. ΠϢΗΡΕ ΕΤϢΩϹ Μ̄ΠϤΪΩΤ
ΑΥΩ ΕΤλΩ Ν̄ϹΩϤ Ν̄ΤϤΜΑΑΥ
ϤΝΑ9ΩΠΕ ьΑΠΝΟΚΝΚ̄
ΑΥΩ ⸆ϤϪΙϢΙΠΕ
27. ΟΥϢΗΡΕ ΕϤλΩ Ν̄ϹΩϤ Ν̄
ΠϤΪΩΤʼ ΕϤϨΕΛΑΚ ΑΜΠΕ
ΘΟΟΥ ΝΑϤʼ ϤΝΑΜΕΛΕΤΑ ΔΕ
Ν̄ϨΝ̄ϢΑϪΕ ΕΥΒΟΟΝΕ

1. ΑλΟ-, lire ⟨ь⟩ΑλΟ-; cfr S ϨΑΚΟΥ-; A ϨΑΚΟΟ-. — *4*. ьΡΗΙ, d'après S ϨΡΑΪ; A Ν̄ϨΡΗΙ. — *5*. ΜΟΥϢΤ, d'après S ΝΟΥϢΤ; lapsus, Μ pour Ν; lire ΝΟΥ9Τ; A ΝΟΥϨΤ. — *6*. {ΟΔ} entourés de points, 2ᵉ main. {Ν̄} pointillé et barré, 2ᵉ main. La 1ʳᵉ main avait le texte de S. — *7*. ϤΑΡ-, pour ϤΝΑΡ-; (voir Introduction sur Α = ΝΑ). — *12-13*. Ν̄ ΠϤΙΩΤ; une ligne passée : Ν̄⟨ϨΕΛΑΚ ΑΤϹΒΩ Μ̄⟩ΠϤΙΩΤ. — *13*. ΑΜΠΕ-, le Μ sur Π gratté. — *14*. ΝΑϤ, *sup. lin.*

⟨Ρ̄Κ̄Ϛ̄⟩

28. [Π]˻Є˼ΤΡΠϢΤΩΡЄ Ν̄ΟΥⳉΜⳉΑΛ
ΝΑΘΗΤ ЄϤϢΩС Μ̄ΠΝΟΜΟ[С]
ΤΤΑΠΡΟ Ν̄Ν̄ΑСЄΒΗС ΝΑ
ΩΜΣ̄ Ν̄ϨΝ̄ϢΩС' *29.* СЄΝΑСΟ˻Β˼
ΤЄ ΔЄ Ν̄ϨΜ̄ΜΑСΤΙΓΟΥ Ν̄
Ν̄ΑΤЄΜΑϨΤЄ' ΑΥΩ ΟΥΜ̄ΜΟϫϨС
ⳉΝ̄Ν̄ΗΗΥ Ν̄ΑΘΗΤ
20, *1.* ΟΥΑΤЄΜΑϨΤЄΠЄ ΠΗΡΠ
ΑΥΩ ΟΥϢΩСΠЄ ΠϯⳉЄ
ΟΥΟΝ ΔЄ ΝΙΒ ЄΤΩΛΜ //ΒЄ
ⳉΝ̄ΝΑΪ Ν̄Ϥ̄ϢΩΠЄ ΑϪΝΝΟ
2. ΠΝΟΥΚС Ν̄ΟΥΡ̄ΡΟ̄ ϢΟΒЄ Ᾱ
ΑΠΚΩΩΝΤ Ν̄ΝΟΥΜΟΥΪ
ΠЄΤСΩΒЄ ΔЄ Μ̄ΜΟϤ ΑΥΩ
ЄΤΗⳉ ΝΜ̄ΜΑϤ ЄϤΡ̄ΝΟΒЄ
ΑΤϤΨΥΧΗ ΜΜΙΝ Μ̄ΜΟϤ

1. -ΠϢ-, métathèse de -ϢΠ-. — *6.* ΟΥ, *sup. lin.* — *7.* Lire ⟨Ν̄⟩Ν̄ΑΘΗΤ. — *10.* Lire Є⟨Τ⟩ΤΩΛΜ A S = grec συμμαινόμενος ? éventuellement ΩΛΜ pour συμμειγνύμενος. — *11.* Ν̄Ϥ̄-, futur négatif; cfr *supra*, **17**, *20*; **19**, *7*. — *15.* Lire Є⟨Τ⟩ΤΗⳉ.

⟨Ρ̄Κ̄Ζ̄⟩
3. ΠЄΟΟΥ Μ̄ΠΡΩΜЄΠЄ CЄ
ϨΩϤ ΑΒΟΛ Ν̄ϨΝ̄CΑϨΟΥЄ
ΑΘΗΤ ΔЄ ΝΙΒ ϬΑΡΟΥΜΟΥϪϬ
ⳉΝ̄ΝΑЇ' *4*. ΜΑΡЄΠϤϪΝΑΥ
ϢΙΠЄ ЄΥΝΟΚΝΚ̄ Μ̄ΜΟϤ
Ν̄ΘⳉЄ Μ̄ΠЄϪΙCΟΥΟ ΑΠϤ
ΚΟC ⳉΜ̄ΠϢΩΜ
5. ΟΥΜΟΟΥ ЄϤϢΗϤΠЄ Π
ΠϢΑϪЄ ⳉΜ̄ΦΗΤ Μ̄ΠΡΩΜЄ
ΠΡΩΜЄ ΔЄ Ν̄CΟΦΟC
ΝΑΝ̄ΤϤ ΑϨΡΗΙ' *6*. ΟΥΝΑ⌞Κ⌟
ΠЄ ΠΡΩΜЄ ΑΥΩ ΠΡΩ⌞Μ⌟[Є]
Ν̄ΝΑΗΤ' ΤΑЇΟΟЄΙΤ
ΟΥϨΟΥΟ ΔЄΠЄ ϨЄЄΙ ΑΥ
ΡΩΜЄ Μ̄ΠΙCΤΟC

3. -ΜΟΥϪϬ, lire (?) -ΜΟΥϪΚ. — *4*. -ΠϤϪΝΑΥ, comparé à S -ΠΡЄϤϪΝΑΑΥ (A -ΠΡЄϤϪΝΟ), ne peut être pour -Π⟨Ρ̄ΜЄΤ⟩ϪΝΑΥ, mais pour Π⟨Ρ⟩ϤϪΝΑΥ repris au modèle sahidique. — *6*. Lire Μ̄ΠЄ⟨Τ⟩ϪΙ-. — *6-7*. ΑΠϤΚΟC; cfr A S ЄΜΗCЄ, et *supra* **19**, *17* ΑΤϤΜΗCЄ; grec δανίζειν. — *8*. ЄϤϢΗϤ, lapsus pour ЄϤϢΗΚ; cfr A S et gr. βαθύς. — *9*. ΠϢΑϪЄ, lapsus pour ϢΟϪΝЄ; cfr A S et gr. βουλή. — *14*. ΟΥϨΟΥΟ; A S ΟΥϨΩΒ, gr. ἔργον.

〈ΡΚΗ〉 (with overlines: Ρ̄Κ̄Η̄)

7. [ΠЄ]⸤Τ⸥ΜΟϨЄ ΔЄ ЄϤΟΥΑΑΒ
⸤Ь⸥ΝΟΥΔΙΚ̣ΟϹΥΝΗ ϤΝΑϪΩ
Ν̄ΝϤ̄ϢΗΡЄ Μ̄ΜΑΚΑΡΙΟϹ
8. ЄϢΑΥΡ̄ΡΟ' Ν̄ΔΙΚΑΙΟϹ ϨΜ
ΜΑϹΤ' ϨЄΥΘΡΟΝΟϹ ⳉΑΡЄ
ΠЄΤΘΟΟΥ ΝΙΒ Ϊ ΝΑϨΡΑϤ
9. ΝΙΜΠЄ ЄΤΝΑⳉϢΟΥϢΟΥ
Μ̄ΜΟϤ ЄΡЄΠϤϨΗΤ' ΟΥΑΑΒ
Ϊ ΝΙΜ ΠЄΤΝΑⳉΡ̄ΠΑΡΗϹΙΑ
Μ̄ΜΟϤ ЄϤϪΩ Μ̄ΜΟϤ ϪЄϮ
ΟΥΑΑΒ ΑΝΟΒЄ' *9ᵃ.* ΠΟΥΟЄΙ⸗
⸤Ν⸥[Α]⸤Ω⸥ϪΝ Ν̄ΤΝΠЄΤЄΥΟ
[Μ̄Π]⸤Є⸥ΤΘΟΟΥ Ν̄ϹЄΠϤΪΩΤ
[ΜΝ̄]ΤϤΜΑΑΥ Ν̄ϪΑϪЄ ΔЄ Ν̄
[ΝϤ̄Β]⸤Є⸥ΛΛ ΝΑΝΑΡЄΥϪΑϪЄ

Manque un folio (p. Ρ̄Κ̄Θ̄ - Ρ̄Λ̄)

5. ⳉΑΡЄ, contresens; lire ΜΑΡЄ; cfr A S grec. — *9.* Lire -ΠΑΡ〈Ρ〉ΗϹΙΑ〈ΖЄ〉. — *12.* Lire -ΠЄΤ〈Τ〉ЄΥΟ. — *15.* ΝΑΝΑΡЄ-, cfr *supra*, **6**, *8*; **7**, *7*; **16**, *30*; A S ΝΑΝΑΥ.

⟨Р̄Λ̄Ā⟩

⌞ΜΝ⌟N̄CΑΤΡЧР̄ΡΗΤ ΓΑΡ ⌞9⌟[ΑΡC̄]

9ΩΠЄ ΟΝ ⸗ЧР̄ƨΤΗЧ

26. Πƨι N̄ΝΑCЄΒΗC ΠЄΥР̄ΡŌ

N̄CΟΦΟC' 9ΑΡЧΪΝЄ ΑϪΩ

ΟΥ N̄ΟΥϪΟΤ M̄ΠЄΘΟΟΥ

28. M̄ΜΝΤΝΑЄ ΜN̄ΤΠΙCΤΙC

ΠЄ Νƨ€ΛΑΚ N̄ΝΟΥΡΡΟ

ƨΝΔΙΚΟCΝЄ ΝЄΤΝΑ

ϪΩΤЄ ΑΠЧΘΡΟΝΟC

27. ΠΟΥΟΟЄΙ⸗ M̄ΠΝΟΥΤЄ

ΤЄ ΤΠΝΟΗΗ N̄N̄ΡΩΜЄ

ЄΤΜΟΥϢΤ N̄N̄ΤΑΜΙΟΝ N̄ΤЬΗ

28bis. M̄ΤΜΝΤΝΑЄ ΜN̄ΤΜΗΙΠЄ Π

Πƨ€ΛΑΚ N̄ΝΟΥΡΡΟ

ΑΥΩ ΤΔΙΚΟCΥΝΗ ΝΑϪΩ

ΤЄ ΑΠЧΘΡΟΝΟC

Le fol. [Р̄К̄Θ̄]-⟨Р̄Λ̄⟩, premier du cahier IX, est perdu. — *3.* Πƨι est étrange; cfr S ΠΡЄЧƨΙ, A ΠΡЄЧƨΩƨ, grec λικμήτωρ (cfr Crum, 643*b*, s.v. ΡЄЧƨΙ). — *6-9.* Doublet anticipé, avec variantes, du verset *28.* — *9.* ΑΠЧ-, le Ч *sup. lin.* — *11.* ΤΠΝΟΗ, le Τ sur Π gratté. — *12.* -ΤЬΗ, *sup. lin.* — *13.* M̄ΤΜΝΤ-, le M̄ ajouté en marge pour remplacer le Τ que le scribe a omis de barrer; cfr *supra* ligne 6, début du même texte.

⟨Ρ̅Λ̅Β̅⟩

29. [ΠΚ]⸤Ο⸥ϹΜΟϹ Ν̅ϨΝ̅ϢΗΡЄ 9ΗΜ
[Π]Є ΤϹΟΦΙΑ' ΠЄΟΟΥ ΔЄ Ν̅
Ν̅ⳈΛΛΟΠЄ ΠϹΟΟῪΝЄ
30. ϨΝΝЄΛΛ̅ΑϬΗΜЄ ΜΝ̅ϨΝⳈΩϢϤ
ЄΤΝΑΤΩΜΤ ΑΝЄΘΟΟΥ
ϨΜΠΗΓΗ ΔЄ ЄΝΤΑΜΙΟΝ
Ν̅ⳈΗΤΟΥ **21**, *1.* Ν̅ΤⳈЄ Μ̅ΠΟΥΟЄΙ⁺
ΜΜ̅ΠΜΟΟΥ' ЄΡЄΦΗΤ Μ̅
ΠΡΡΟ ⳈΝ̅ΤΚΙϪ Μ̅ΠΝΟΥΤЄ
ΑΥΩ 9ΑΡϤΡΑϬΤϤ ΑΠΜΑ
ЄΤЄϨ̀ΝΑϤ' *2.* ЄΡЄΡΩΜЄ
ΝΙΒ ΤΜΑΟЄΙΤ ΝΑϤ ΟΥΑΑΤϤ
ΠΝΟΥΤЄⲔ̣ΠЄ ΠЄΤϹΟΟΥΝЄ
Ν̅Ν̅ϨΗΤ' *3.* ΝΑΝЄΡ̅ΤΜΗΙ ΑΥΩ
⁺ϬϪЄΜΗΙ ΝΑϨΡΜΠΝΟΥΤЄ
ΝϨΟΥΟЄΙΤ ΑϹΝΟϤ Ν̅ΘΥϹΙ⸤Α⸥

1. Lire Ν̅{Ϩ}Ν̅ϢΗΡЄ; cfr A S et l'antithèse Ν̅Ν̅ⳈΛΛΟ. — *6.* ΠΗΓΗ, lapsus; lire ΠΛΗΓΗ; cfr A S, grec. — *7-8.* Μ̅ΠΟΥΟЄΙ⁺ ΜΜ̅ΠΜΟΟΥ' ЄΡЄΦΗΤ; bel exemple de la fantaisie du scribe; lire Μ̅ΠΟΥΟЄΙ{⁺} {Μ}Μ̅ΠΜΟΟΥ' ⟨ΤΑΪΤЄ ΤⳈЄ ЄΤ⟩ЄΡЄΦΗΤ; cfr A S et grec ὁρμὴ ὕδατος, οὕτως καρδία. — *13.* ΠΝΟΥΤЄ-, le Π ajouté en marge. — *15.* -ϪЄΜΗΙ, lire (?) -ϪЄ⟨Τ⟩ΜΗΙ; cfr A S et *supra* -Ρ̅ΤΜΗΙ.

⟨ⲣ̄ⲗ̄ⲅ̄⟩

4. ⲞⲨⲢⲰⲘⲈ Ⲛ̄ϪⲀⲤⲒϨⲎⲦ

ⲀϪⲚ̄ⲞⲨϢⲰⲤ ⲞⲨⲚⲀϤⲦ

ϨⲎⲦⲠⲈ.

Dernière page écrite, suivie de 5 pages blanches : cahier IX folio 3 V°, folio 4, folio 5; le folio 6 est perdu, comme le folio 1 auquel il correspond. — *3*. Après la dernière lettre, gros point final, en bas.

INDEX DES MOTS AUTOCHTONES

Cet index contient le vocabulaire autochtone de P au complet, y compris les préfixes verbaux; seuls l'article et les prépositions **Ⲁ-** et **Ⲛ-** ne sont pas cités in extenso. Le classement par radicaux et par familles de mots, voire en tenant compte de l'étymologie, adopté par les dictionnaires modernes, présentant de graves inconvénients pour la rapidité de la consultation, nous avons suivi l'ordre alphabétique le plus strict : ainsi, **ϢⲀϨ** (Crum 612^{a}) vient avant **ϢⲎⲚ** (Crum 586^{b}), **ⲈⲒ** est décomposé en **Ⲉ** et **Ⲓ**, les composés de **ϨⲎⲦ** (**ⲀⲦϨⲎⲦ, ⲔⲀⲂϨⲎⲦ** etc.) se trouvent à leur place alphabétique, et non pas sous **ϨⲎⲦ**. Quand nous l'avons jugé utile, nous avons même isolé certaines locutions composées, telles que **ⲘⲀ Ⲛ̄ⲒⲂⲈ**, un renvoi étant indiqué à la fin des articles concernés. Les lettres propres à P ont été rangées comme suit : **λ** après **Ⲓ**, **Ꝁ** après **Ⲕ**, **⊥** et **‾** après **Ⲛ**, **9** après **Ϣ**. Chaque vedette principale est suivie, entre crochets, de la référence à Crum. Il a été tenu compte aussi des orthographes défectueuses ou anormales, et des erreurs de lecture; elles figurent à leur place alphabétique, mais avec renvoi à la vedette orthographiée normalement, ou se rapprochant le plus de la forme correcte. En principe, n'ont pas été considérées comme variantes, parce qu'elles relèvent du caprice du scribe, la présence, ou l'omission, très fréquente, du tréma, et surtout de la barre de diérèse, ainsi que la place qui lui est donnée en P (sur la lettre, avant la lettre, entre les lettres); nous n'avons indiqué ces variations que lorsqu'elles nous ont paru présenter quelque intérêt pour le lecteur; mais dans tous les autres cas, nous avons placé la barre en suivant l'orthographe la plus correcte du scribe. En général, nous n'avons pas non plus tenu compte de l'assimilation de **Ⲛ** en **Ⲙ** devant **Ⲡ** etc., ni de graphies très ordinaires comme **Ⲑ** pour **ⲦϨ**, etc. Les crochets carrés encadrant une vedette indiquent que la forme, ou le mot, ne figurent pas comme tels dans P; les parenthèses entourant un chiffre dans les références indiquent un passage reconstitué.

Les renvois sont faits à la page et à la ligne.

MOTS GRECS

(Les renvois sont faits à la page et à la ligne).

NOMS PROPRES

TABLE DES MATIÈRES

PRINTED ON PERMANENT PAPER • IMPRIME SUR PAPIER PERMANENT • GEDRUKT OP DUURZAAM PAPIER - ISO 9706

ORIENTALISTE, KLEIN DALENSTRAAT 42, B-3020 HERENT